MANESSE BIBLIOTHEK DER WELTLITERATUR

蟄龍
不將海國困書城豈是蛟龍
蟄未驚一旦出為天下望終
教霖雨慰蒼生

CHINESISCHE GEISTER- UND LIEBES-GESCHICHTEN

In deutscher Auswahl von Martin Buber

MANESSE VERLAG
ZÜRICH

Die Deutsche Bibliothek – CIP-Einheitsaufnahme

Chinesische Geister- und Liebesgeschichten:
in dt. Ausw. von Martin Buber
10. Aufl. – Zürich : Manesse Verlag, 1993
(Manesse Bibliothek der Weltliteratur)
ISBN 3-7175-1064-9 Gewebe
ISBN 3-7175-1065-7 Ldr.

NE: Buber, Martin [Hrsg.]

VORWORT

Bei meinen Studien über die Dämonen-Mythen lernte ich, zuerst durch Übersetzungen, sodann durch die freundliche Unterweisung des Herrn Chingdao Wang, die chinesischen Sammlungen von Geistergeschichten und insbesondere das klassische Liao Tschai Tschih Yi kennen. Etwas zog mich an ihnen an, was Erzählungen dieser Gattung bei keinem andern Volke in gleichem Maße besitzen: die Atmosphäre von Vertrautheit und Übereinstimmung. Dämonen werden hier von Menschen, Menschen von Dämonen geliebt und besessen; aber die so zu uns kommen und um uns werben oder uns erfassen, sind nicht Incubus und Succubus mit dem schwankenden Grauen der Jenseitigkeit in ihrer Gegenwart, sondern Wesen unseres Weltkreises, nur in einer tieferen, dunkleren Schicht geboren. Den Berichten keltischer Bauern über ihre Begegnungen mit den Gespenstern sind die chinesischen Geschichten an Bildsicherheit und Richtigkeit der Rede verwandt; aber hier redet nicht die Mystik eines helläugigen Grauens, sondern die Magie des Selbstverständlichen. Die Ordnung der Natur wird hier nicht durchbrochen, sondern erweitert: nirgends stockt die Fülle des Lebendigen, und alles Lebendige trägt den Samen des Geistes. Nicht allein in Tieren, Pflanzen und Gestein erblüht das Dämonische und will sich zur Menschengestalt wie zu einer Frucht verdichten: was deine Hand verfertigt hat, begehrt zu atmen und sich Atmendem zu vermählen; was dein Sinn erdacht hat, regt und reckt sich als ein Wirkliches in die Sichtbarkeit hinein; jede Tat kann dir einen Dämon zeugen, der als dein Freund, als deine Gattin, als dein Sohn in dein Haus tritt und dir vergilt. Aber all dies ist nicht unheimlich; es ist das Heim, es ist das Leben.

Dieses Volk, in dem Laotses Lehre von der allumfangenden Bahn und Buddhas Lehre von der allbewirkenden Tat beieinander, ja miteinander wohnen, hat in seinen Geistergeschichten ein Lied der verschwisterten und verliebten Elemente ersonnen, ein Lied für Götter und Menschen.

Das chinesische Volk war es, das die im Liao Tschai vereinigten Geistergeschichten ersonnen hat. Gedichtet hat sie Pu Ssungling, von seinen Freunden Liu-hsien, «der Letzte der Unsterblichen», genannt, der im siebzehnten Jahrhundert lebte und um 1680 sein Werk vollendete. Von seinem Leben wissen wir nicht viel mehr als dies, daß er bei den offiziellen Prüfungen kein Glück hatte und daß ihm daher die Laufbahn des Staatsbeamten verschlossen blieb; dies war, wenn wir dem Chronisten glauben dürfen, die Ursache, daß er sich dem Niederschreiben von Erzählungen zuwandte. Er selbst hat in einer Vorrede seines Buches, die er nahezu sechzigjährig verfaßte, keine Begebenheiten, nur die Schwere und Schwermut seines Lebens mitgeteilt. «In meiner

Jugend war ich mager und andauernd kränklich, unfähig mich durchzusetzen. Unser Haus war kalt und öde wie ein Kloster; und dort, mit meiner Feder pflügend, war ich arm wie ein Mönch mit seiner Bettelschale.» Das Ungeschick und die Traurigkeit sind auch alle späteren Jahre über bei ihm geblieben. «Ich bin hin und her geschleudert worden, nach der Richtung des Windes, einer Blume gleich, die in den Kot fällt. Aber die sechs Pfade der Wanderung sind fürwahr unerforschlich, und ich habe kein Recht zu klagen. Gleichviel: die Mitternacht betrifft mich bei der erlöschenden Lampe, dieweil der Sturm seine traurige Weise pfeift; und auf meinem freudlosen Tisch flicke ich meine Geschichten zusammen.»

Seine Geschichten sind in der gleichen Art entstanden wie alle große Märchendichtung: daß er die Erzählungen der Leute in seinem Herzen sammelte und sie aus seinem Herzen neu erzählte. Wo es anging, suchte er Aufzeichnungen der Erzähler über das berichtete Ereignis zu erhalten, obgleich er, wie die einheitliche Sprache seines Buches

— die heute in China allgemein mehr als die irgendeines andern modernen Prosawerkes bewundert wird — beweist, nirgends einen unmittelbaren Gebrauch davon gemacht hat. «Ich bin», sagt er, «von dem Geiste Ssu Tung-pos getrieben, der zu lauschen liebte, wenn einer von dem Wunderbaren erzählte. Ich veranlasse die Leute niederzuschreiben, was sie mir sagen, und dann mache ich eine Geschichte daraus. So haben mir im Lauf der Zeit meine Freunde aus allen Gegenden vielen Stoff herbeigebracht, und bei meiner Liebe zum Sammeln ist ein großer Haufen daraus geworden.»

Das Buch zirkulierte lange in der Handschrift, da Pu Ssung-ling die beträchtlichen Kosten der Veröffentlichung nicht tragen konnte; erst 1740 wurde es von seinem Enkel herausgegeben. An Wirkung und Anerkennung scheint der Dichter zeitlebens nicht viel erfahren zu haben. Am Schlusse seiner Aufzeichnungen heißt es: «Ach, ich bin nur der Vogel, den es vor dem Winterfrost graut und der in den Zweigen keine Zuflucht findet; die Herbstgrille, die den Mond anzirpt und sich an die Tür schmiegt, um ein wenig Wärme zu erhaschen. *Denn wo sind sie, die mich kennen?*»

Der Titel des Buches möchte deutsch etwa durch «Merkwürdige Mitteilungen aus der Arbeitsstube ‚Zuflucht'» wiedergegeben werden. Das sind die ungefähr vierhundert Geschichten in der Tat: merkwürdige Mitteilungen. Sie berichten von allen seltsamen und wunderlichen Dingen, von den Mären der Wanderer und den Träumen der Einsamen: von singenden Fröschen und schauspielernden Mäusen, von Seeschlangen und Riesenvögeln, von Schneefall im Sommer, von Überschwemmungen und Erdbeben, von absonderlichen Krankheiten und ungewöhnlichen Todesarten, von Reisen in das Land der Menschenfresser und in das Land, wo Schönheit für Häßlichkeit und Häßlichkeit für Schönheit gilt, von Erlebnissen in der Unterwelt, von Scheintoten und von Auferstandenen, von allerlei Zauberkünsten, von vergrabenen Schätzen, von Goldmachern, von Weissagungen, von Wahrträumen; dazwischen fehlt es nicht an Satiren: auf parteiische Beamte, auf ungerechte Examinatoren, auf unwissende Ärzte, auf verlogene Priester — oft in der Form, daß die sozialen Verhältnisse der Unterwelt geschildert werden, die denen des Menschenreiches ganz ähnlich sind. Die zahlreichsten und bedeutendsten aber sind die Geschichten von Geistern: von Tiergeistern, von Pflanzengeistern, von Wassergeistern, von Wolkengeistern, von Geistern, die in den Augen, und von Geistern, die in einem Bilde wohnen, von abgeschiedenen Geistern, von Geistern aller Art, und von ihrer mannigfachen Relation zu Menschen, vor allem von den Gefahren und den Beglückungen ihrer Liebe zu Menschen. Denn sie alle suchen den Menschen: um mit ihm zu spielen wie mit einem Spielzeug oder um mit ihm zu spielen wie mit einem Freunde, um ihn zu strafen oder um ihn zu belehren, um mit ihm zu zechen oder um mit ihm zu arbeiten, um ihm zu helfen oder um von ihm Hilfe zu erhalten, um ihm eine Liebe zu geben, die ihm kein Wesen seiner eignen Art gewähren kann, und um in seiner Liebe ein Leben zu empfangen, das ihnen einzig durch die Gemeinschaft mit einem Menschen zugänglich ist. Dem Menschen ist diese Liebe zuweilen bedrohend, oft nur beseligend; dem Dämon ist sie stets die Erfüllung.

Einen besonderen Rang nehmen die Fuchsgeister ein, die in vielerlei Gestalt erscheinen, zumeist aber in der eines schönen Mädchens, das sich einem Manne nähert, seine Liebe gewinnt, ihm Kinder gebiert, sein Haus verwaltet und in diesem Zusammensein eine zugleich festere und lichtere Form der Existenz erwirbt. Man hat diese seltsame Bevorzugung des Fuchses unter anderem darauf zurückgeführt, daß er, wenn er im Winter einen zugefrorenen Fluß oder See überschreitet, den Kopf immer wieder ans Eis hält und auf das darunter fließende Wasser horcht. So verbindet er gleichsam das Reich unter dem Eise, den Bezirk des Yin, der weiblichen dunklen Urgewalt, mit der hellen Welt des Yang, des männlichen und tätigen Elements.

Einzelne Erzählungen aus dem Liao Tschai sind in europäische Sprachen übertragen worden. Eine reichhaltige Auswahl gab Herbert A. Giles heraus (Strange Stories from a Chinese Studio, neue Auflage London 1909); leider hat er nach englischer Art alle Stellen, die ihm anstößig schienen, weggelassen oder paraphrasiert. Ich habe mit Hilfe des Herrn Wang mehrere in Giles' Buch enthaltene Geschichten vollständig und getreu wiedergegeben, und ebenso einige bisher unübersetzte. Ausgewählt habe ich, außer etlichen, die ich aus anderen Gründen nicht vermissen wollte, die schönsten und merkwürdigsten Erzählungen von der Liebe zwischen Menschen und Dämonen.

Martin Buber

DAS WANDBILD

Meng Lung-tan, ein Bürger von Kiang-si, wohnte in der Hauptstadt bei einem Kü-jen* namens Tschu. Eines Tages führte sie beide der Zufall in einen Tempel, in dem sie weder weite Hallen noch Zellen der Betrachtung fanden, und niemand außer einem alten Priester in nachlässiger Gewandung. Als er die Besucher erblickte, ordnete er seine Kleider und ging den Kommenden entgegen, führte sie sodann umher und zeigte ihnen die Standbilder der Unsterblichen. Die Wände zu beiden Seiten waren mit lebensähnlichen Bildern von Menschen und Tieren schön ausgemalt. An der Ostwand war eine Schar von Feen dargestellt, unter denen ein Mädchen stand, dessen Jungfrauenlocken noch nicht in den

* Etwa: Magister.

Matronenknoten verschlungen waren. Es pflückte Blumen und lächelte, seine Kirschenlippen schienen sich bewegen, das Feuchte seiner Augen überfließen zu wollen. Herr Tschu schaute sie, ohne den Blick abwenden zu können, eine gute Weile an, bis ihm alle Dinge außer dem Bilde, das ihn umfing, entschwanden. Da fand er sich plötzlich in der Luft schwebend, als ritte er auf einer Wolke, und es geschah ihm, daß er durch die Wand kam und in einem Raume war, wo Hallen und Gezelte von anderer Art als die Wohnungen Sterblicher sich aneinander reihten. Hier predigte ein alter Priester Buddhas Gesetz, und eine dichte Menge von Hörern umgab ihn. Herr Tschu mischte sich unter die Menge. Nach einigen Augenblikken nahm er eine sanfte Berührung an seinem Ärmel wahr. Sich umwendend, sah er das Mädchen aus dem Wandbild, wie es lachend von dannen ging. Herr Tschu folgte ihr sogleich und kam, der Windung eines Geländers folgend, in ein kleines Gemach, in das er sich nicht einzutreten getraute. Aber die junge Dame blickte sich um und schwang die Blumen, die sie in der Hand

陳雲棲
莫道鴛盟誤
女冠會看琴瑟
乃承歡契貞誓
踐英皇約猶記郎
君說桂潘

hatte, ihm zu, als winke sie ihm weiterzugehen. So trat er ein und fand sonst niemand darin. Sogleich umarmte er sie, die sich ihm nicht verwehrte.

Sie hatten etliche Tage zusammengelebt, als die Gefährtinnen des Mädchens Verdacht schöpften und Herrn Tschus Versteck entdeckten. Da lachten sie alle und sagten scherzend: «Meine Liebe, nun wirst du wohl bald Mutter werden, und da willst du das Haar noch wie die Jungfrauen tragen?» Sie brachten ihr die geziemenden Nadeln und den Kopfschmuck und hießen sie ihr Haar aufbinden, wobei sie sehr errötete, aber nichts sagte. Dann rief eine von ihnen: «Schwestern, wir wollen gehen. Sonst könnten wir den beiden lästig werden.» Kichernd liefen sie davon.

Herr Tschu fand, daß seine Freundin durch die veränderte Haartracht noch schöner geworden war. Der hohe Knoten und das krönende Gehänge standen ihr wohl zu Gesicht. Er nahm sie in seine Arme, liebkoste sie und trank ihren süßen Duft.

Während sie nun in inniger Gemeinschaft beieinander waren und die Lust sie wie eine

Ewigkeit umfing, erscholl plötzlich ein Geräusch wie das Stampfen schwersohliger Stiefel, begleitet von Kettenklirren und dem Lärm einer zornigen Rede. Die junge Frau sprang erschrocken auf, und sie und Herr Tschu lugten hinaus. Sie erblickten einen Herold in goldener Rüstung, mit pechschwarzem Gesicht, der Ketten und einen Hammer in den Händen trug und von allen Mädchen umgeben war. Er fragte: «Seid ihr alle hier?» «Alle», erwiderten sie. «Wenn ein Mensch», sagte er, «hier verborgen ist, entdecket es mir sogleich, daß es euch hernach nicht gereue.» Sie antworteten wie zuvor, es sei keiner da. Der Herold machte nun eine Bewegung, als wolle er den Ort durchsuchen. Das Mädchen stand tief verwirrt, mit aschfahlen Wangen. In ihrem Entsetzen hieß sie Herrn Tschu sich unter dem Bette verbergen, sie selbst aber verschwand durch eine kleine Gittertür. Herr Tschu in seinem Versteck wagte kaum zu atmen. Nach einem Weilchen hörte er die Stiefel in die Stube und wieder hinaus trampeln, der Schall der Stimmen wurde allmählich ferner und schwächer. Das beruhigte ihn ein wenig, aber immer noch hörte er Laute von Wesen, die draußen auf- und niedergingen. Nachdem er eine lange Zeit in seiner beklemmenden Lage zugebracht hatte, begann es ihm in den Ohren zu sausen, als sei eine Grille darin, und seine Augen brannten wie Feuer. Es war fast unerträglich; dennoch verhielt er sich ruhig und wartete auf die Rückkehr des Mädchens, ohne an Ursache und Zweck seines gegenwärtigen Schicksals zu denken.

Indessen hatte Meng Lung-tan das Verschwinden seines Freundes bemerkt. Er dachte sogleich, es müsse ihm etwas zugestoßen sein, und fragte den Priester, wo er sei. «Er ist die Predigt des Gesetzes hören gegangen», erwiderte der Priester. «Wohin?» sagte Herr Meng. «Oh, nicht sehr weit fort», war die Antwort. Darauf klopfte der alte Priester mit dem Finger an die Wand und rief: «Freund Tschu! wie kommt es, daß Sie so lange ausbleiben?» Da war die Gestalt des Herrn Tschu auf der Wand dargestellt, das Ohr geneigt in der Haltung eines Lauschenden. Der Priester fügte hinzu: «Ihr Gefährte hat einige Zeit auf Sie gewartet.» Sogleich stieg Herr Tschu von der Wand herab und stand wie durchbohrt, mit starrenden Augen und zitternden Beinen. Herr Meng war sehr erschrocken, fragte ihn jedoch ruhig, was geschehen sei. Es war aber dies geschehen, daß er, während er unter dem Bett versteckt lag, einen donnergleichen Hall vernommen hatte und hinausgestürzt war, um zu sehen, was es sei.

Jetzt bemerkten sie alle, daß das junge Mädchen auf dem Bilde die Haartracht einer verheirateten Frau angenommen hatte. Herr Tschu war darüber sehr verwundert und fragte den alten Priester nach der Ursache. Der antwortete: «Gesichte haben ihren Ursprung in denen, die sie sehen. Welche Erklärung kann ich da geben?» Diese Antwort war für Herrn Tschu wenig befriedigend; und auch sein Freund, der einige Beängstigung empfand, wußte nicht, wie er sich all das zurechtlegen sollte. Sie stiegen die Stufen des Tempels hinab und gingen von dannen.

DER RICHTER

In Ling-yang lebte ein Mann namens Tschu Erhtan, den seine Freunde Hsiao-ming nannten. Er war ein stattlicher und kühner Bursche, aber am Geist beschränkt, und obgleich er sich rechtschaffen mühte, etwas zu lernen, hatte er noch keinen Grad erlangt. Als er eines Tages mit seinen Studiengefährten zechte, sagte einer von ihnen scherzend zu ihm: «Alle Welt redet von deinem großen Mut. Wohl denn, wenn du jetzt in der Nacht in das Qualengemach des Tempels gehst und uns den Höllenrichter der linken Vorhalle bringst, wollen wir dir ein Festmahl geben.»

Im Stadttempel zu Ling-yang war nämlich eine Darstellung der zehn Höfe des unterirdischen Gerichts mit allen Göttern und Dämonen, die aus Holz geschnitzt waren und doch dem ersten Blick lebendig erschienen. In der östlichen Halle stand das lebensgroße Bild eines Richters mit grünem Gesicht, rotem Bart und einem grauenvollen Ausdruck. Zuweilen hörte man in der Nacht aus beiden Hallen den Schall der Geißelung und des Verhörs, daß sich dem Vorübergehenden die Haare sträubten. Deshalb meinten die jungen Leute, das würde für Herrn Tschu eine schlimme Aufgabe sein. Er aber lächelte, erhob sich von seinem Sitze und ging geradenwegs in den Tempel. Nach wenigen Augenblicken hörten sie ihn draußen rufen: «Hier habe ich den Herrn Rotbart mitgebracht!» Sie standen auf, und herein kam Tschu, auf seinem Rücken das Bildwerk, das er auf dem Tische aufstellte. Sodann goß er dreimal seinen Becher vor ihm aus. Seine Gefährten sahen ihm zu, eine Furcht wandelte sie an und sie wagten nicht, sich wieder hinzusetzen; zuletzt baten sie Tschu, den Richter wieder zurückzutragen. Er aber goß noch einmal Wein zur Erde und sprach das Bild mit diesen Worten an: «Ich bin ein tollköpfiger, unwissender

Kerl! Möge der Herr Lehrer es mir nicht zum Bösen anrechnen! Mein armes Haus ist in der Nähe. So oft Sie Lust dazu verspüren, sind Sie eingeladen, mit mir ein Glas Wein in Wohlwollen zu trinken.» Sodann trug er den Richter wieder an seinen Ort.

Am nächsten Tage gaben ihm die Freunde das versprochene Festmahl, von dem er halb berauscht heimkehrte. Da er aber fand, er habe noch nicht genug zur vollen Heiterkeit getrunken, entzündete er die Lampe und goß sich einen neuen Becher voll. Plötzlich teilte sich der Bambusvorhang und der Richter trat ein. Tschu stand auf und rief: «Wehe mir! Ich werde sterben! Ich habe Sie gestern beleidigt, und nun sind Sie gekommen, um mir den Kopf abzuhauen.» Der Richter strich seinen Bart, lächelte und sagte: «Durchaus nicht. Sie haben mich gestern freundlich eingeladen, Sie zu besuchen, und da ich an diesem Abend Muße habe, bin ich gekommen.» Tschu war sehr erfreut, das zu hören, und bat den Gast, sich zu setzen; dann machte er selbst das Geschirr zurecht und ging daran, den Wein zu wärmen*. «Die Luft ist warm», sagte der Richter, «wir wollen den Wein kalt trinken.» Tschu gehorchte, setzte die Flasche auf den Tisch und ging hinaus, um seinen Dienern zu befehlen, ein Mahl zu rüsten. Seine Frau war sehr bestürzt, als sie hörte, wer der Besucher war, und bat Tschu, nicht zurückzugehen; aber er wartete nur, bis die Speisen bereit waren, und trug sie in sein Zimmer. Nun tranken sie, ein jeder aus dem Glase des andern, und nach einiger Zeit fragte Tschu nach dem Namen seines Gastes. Der Richter antwortete: «Lu ist mein Familienname, einen anderen habe ich nicht.» Danach unterhielten sie sich über Gegenstände des Schrifttums; was immer Tschu zu wissen begehrte, der Richter gab ihm den Bescheid. Dann fragte der Gast, ob Tschu Verständnis für Verse habe, worauf dieser erwiderte, er könne zur Not das Gute vom Schlechten unterscheiden; nun trug der Richter ein kleines Poem aus der Unterwelt vor, das denen der Sterblichen nicht unähnlich schien. Er war ein wackerer Zecher und trank zehn

* Man trinkt in China den Wein mit Vorliebe gewärmt und in Tassen.

Becher in einer Folge; Tschu aber, der schon den ganzen Tag beim Wein verbracht hatte, schlief bald ein, den Kopf auf den Tisch gelehnt. Als er erwachte, flackerte die Lampe im Verlöschen, der Morgen dämmerte, und sein Gast war nicht mehr da.

Von dieser Zeit an besuchte ihn der Richter alle zwei, drei Tage, und bald wuchs zwischen ihnen eine innige Freundschaft auf. Oft brachte jener die Nacht auf Tschus Lager zu. Tschu zeigte ihm die Aufsätze, die er verfaßt hatte, und der Richter strich kreuz und quer die Fehler an und rügte die Arbeit. Eines Nachts fühlte sich Tschu bald müde vom Trinken und ging zuerst zu Bette; der Richter trank allein weiter. In seinem trunkenen Schlafe war es Tschu, als spüre er einen Schmerz in seinem Leibe. Erwachend bemerkte er, daß der Richter, der am Bette saß, ihm die Brust geöffnet hatte und damit beschäftigt war, seine Eingeweide herauszunehmen und zu ordnen. «Es war doch keine Feindschaft zwischen uns», rief Tschu, «warum wollen Sie mich töten?» «Fürchten Sie nichts», antwortete der Richter lachend, «ich bin dabei, Ihr Herz gegen ein klügeres umzutauschen.» Er tat die Eingeweide wieder an ihren Platz und schloß die Öffnung mit einem engen Verband. Auf dem Bett war kein Blut, und Tschu fühlte nichts anderes als eine leichte Erstarrung in seinem Leibe. Er sah, wie der Richter ein Stück Fleisch auf den Tisch legte, und fragte ihn, was das sei. «Ihr Herz», sagte Lu, «taugte nicht zum Verfassen von Aufsätzen, denn seine Löcher sind verstopft. Ich habe Sie mit einem besseren versehen, das ich in der Unterwelt aus vielen tausenden von Menschenherzen gewählt habe, und behalte nun das Ihre, um es an dessen Stelle zu bringen.» Darauf ging er und schloß die Tür hinter sich.

Am Morgen löste Tschu den Verband und betrachtete seinen Leib, an dem die Wunde verheilt war und nur einen roten Streifen hinterlassen hatte. Von dieser Zeit an machte er große Fortschritte in der Schriftkunst, und was er einmal gelesen hatte, vergaß er nicht mehr. Nach einigen Tagen zeigte er einen Aufsatz, den er verfaßt hatte, dem Richter. Der sagte: «So geht es an. Aber Ihre Bestimmung ist nicht,

陸判
易卻心腸更面目回天手
段豪堪稱陵陽廟額今
何在請與先生訂酒朋

ein großes Glück zu empfangen, und Sie werden keinen höheren Grad als den des Kü-jen erreichen.» «Wann wird mir dieser Grad zufallen?» fragte Tschu. «Noch in diesem Jahr», antwortete der Richter. Und so war es. Tschu wurde der Erste beim Hsiu-tsai*-Examen, und dann einer der ersten fünf für den Kü-jen-Grad. Seine alten Gefährten, die sich vorher über ihn lustig zu machen pflegten, starrten einander erstaunt an, als sie von seinem Erfolg erfuhren und seine Aufsätze sahen. Sobald sie von ihm hörten, wie es zugegangen war, baten sie Tschu, auch sie mit dem Richter bekannt zu machen. Der Richter willigte ein, und sie bereiteten ein Mahl zu seinem Empfange. Als er aber am Abend erschien, mit flatterndem rotem Bart und Augen wie Blitze, wich das Blut aus ihren Wangen, ihre Zähne klapperten und einer nach dem andern schlich sich hinaus. Tschu nahm nun den Richter mit nach Hause, wo sie weiter zechten. Als ihm der Wein zu Kopfe gestiegen war, sagte er: «Daß Sie meine Brust geöffnet und mein Herz umgetauscht

* Etwa: Baccalaureus

haben, ist eine große Wohltat. Aber es gibt noch etwas, womit ich Sie behelligen möchte, wenn es erlaubt ist.» Der Richter fragte ihn, was er meine, und Tschu sagte: «Wenn man das Herz umtauschen kann, wird man es wohl auch mit dem Gesicht tun können. Nun hat meine Frau eine nicht üble Gestalt, aber ihr Gesicht ist recht garstig. Ich bitte Sie, Ihre Kunst an ihr zu versuchen.» Der Richter lachte und sprach: «Wohl! wir wollen zu gelegener Zeit darauf zurückkommen.»

Einige Tage danach klopfte der Richter um Mitternacht an Tschus Tür, der schnell aufstand und ihn hereinbat. Als er die Lampe anzündete, gewahrte er, daß der Richter etwas unter seinem Rock verborgen trug. Auf seine Frage, was es sei, antwortete Lu: «Es ist die Kleinigkeit, um die Sie mich jüngst ersucht hatten. Ich konnte nicht gleich einen schönen finden, darum habe ich einige Tage gesäumt. Endlich habe ich einen passenden bekommen und nun bringe ich ihn Ihnen.» Er zog nun einen schönen Mädchenkopf hervor und zeigte ihn Tschu, der bemerkte, daß das Blut am Halse noch feucht war. «Wir müssen eilen», sagte der Richter, «und Sorge tragen, die Hühner und die Hunde nicht zu wecken.» Tschu befürchtete, die Tür, die zum Zimmer seiner Frau führte, könnte verriegelt sein, aber der Richter legte seine Hand darauf und sie öffnete sich sogleich. Tschu führte ihn nun zum Bette, wo die Frau auf der Seite liegend schlief. Der Richter gab ihm den Kopf zu halten und zog aus seinem Stiefel eine Stahlklinge, die wie ein Löffelstiel geformt war. Mit der strich er über den Nacken der Frau, wie man eine Melone öffnet, und ihr Kopf fiel vom Kissen. Er nahm nun den Kopf, den er gebracht hatte, schloß ihn sorgsam an, drückte ihn fest und legte die Frau zwischen zwei Polstern zurecht. Dann befahl er Tschu, den alten Kopf zu begraben, und ging. Bald darauf erwachte die Frau. Sie spürte eine seltsame Starrheit am Halse. Als sie die Stelle mit der Hand berührte, fand sie getrocknetes Blut; bestürzt rief sie die Dienerin und ließ sich Waschwasser bringen. Die Dienerin ging geängstigt daran, das Blut abzuwaschen, von dem sich das ganze Wasserbecken rötete. Wie sie aufblickte, sah sie ein fremdes Gesicht und erschrak. Die Frau nahm einen Spiegel, schaute hinein und erkannte sich nicht. Da kam ihr Gatte und erzählte ihr, was sich ereignet hatte. Als er sie genauer betrachtete, sah er ein schöngebildetes Gesicht; um den Hals ging ein roter Strich, und die Haut über ihm war von einer andern Farbe als die darunter.

Es hatte sich aber dieses zugetragen:

Ein Beamter namens Wu hatte eine sehr schöne Tochter, die, obgleich schon neunzehn Jahre alt, noch unvermählt war, da ihr zweimal der Bräutigam kurz vor der Hochzeit durch den Tod genommen worden war. Am Laternenfeste ging sie in den Tempel, sich das Qualengemach anzusehen. Unter den Leuten, die ihr begegneten, war ein nichtswürdiger Mensch, der eine Leidenschaft zu ihr faßte. Er erkundete ihre Wohnung, stieg in der Nacht auf einer Leiter ein und drang in ihr Schlafzimmer, wo er zuerst die vor dem Bett schlafende Dienerin ermordete und sodann das Mädchen umarmen wollte. Als sie sich wehrte und um Hilfe rief, geriet er in Zorn und schlug ihr den Kopf ab. Die Mutter hörte den Lärm und sandte eine Magd ins Zimmer, um nachzusehen, was geschehen sei; so wurde der Mord entdeckt. Man brachte die Leiche in die Halle, legte den Kopf daneben, und alle weinten und klagten die ganze Nacht durch. Als man am nächsten Morgen die Decke abnahm, war der Rumpf da, der Kopf jedoch war verschwunden. Die Dienerinnen wurden für ihren Mangel an Wachsamkeit gezüchtigt, und Herr Wu brachte den Vorfall zur Kenntnis der Behörden. Der Präfekt ordnete Nachforschungen an, aber die Tage vergingen, ohne daß man eine Spur entdecken konnte. Indessen erreichte die Kunde von der Kopfverwandlung in der Familie Tschu Herrn Wus Ohren. Er faßte einen unbestimmten Verdacht und sandte eine alte Dienerin hin, um nachzusehen, worauf sich das Gerücht gründe. Sie erkannte die Züge ihrer toten jungen Herrin, lief zurück und erzählte es ihrem Herrn. Herr Wu, der nicht erdenken konnte, warum der Rumpf zurückgelassen worden war, glaubte nun, Tschu habe seine Tochter durch Zauberei getötet, und begab sich sogleich zu ihm, um die Wahrheit zu ermitteln. Tschu sagte ihm: «Meiner Frau wurde der Kopf im Traume umgetauscht. Ich weiß nicht, wie es zugegangen ist. Wenn Sie mich eines Mordes beschuldigen, tun Sie mir Unrecht.» Herr Wu weigerte sich, ihm zu glauben, und strengte gegen ihn die Klage an. Aber Tschus Dienerschaft sagte übereinstimmend aus, und der Präfekt konnte ihn nicht überführen.

Tschu beriet sich nun mit dem Richter Lu, der ihm sagte: «Da ist keine Schwierigkeit. Seine Tochter soll es ihm selbst sagen.» In der Nacht träumte Herr Wu, daß seine Tochter erschien und zu ihm sprach: «Yang Ta-nien aus Su-tschi hat mich getötet. Herr Tschu hat nichts damit gemein. Er wollte ein schöneres Gesicht für sein Weib. Der Richter Lu gab ihm das meine. So ist der Körper deines Kindes tot, dieweil sein Kopf noch lebt. Du sollst nicht Tschus Feind werden.» Als Wu erwachte, erzählte er dies seiner Frau; sie aber hatte den gleichen Traum gehabt. So teilten sie das Geschehnis den Behörden mit. Bald wurde ein Mann, namens Yang Ta-nien, festgenommen, der alsbald im Verhör seine Tat eingestand. Herr Wu kam nun wieder in Tschus Haus und bat, dessen Frau vorgestellt zu werden. Fortan betrachtete er ihn als seinen Schwiegersohn. Frau Tschus früherer Kopf wurde zusammen mit dem Körper des Mädchens begraben.

Nach diesen Ereignissen versuchte Tschu dreimal, den Tsin-schi*-Grad zu erlangen, aber ohne Erfolg, so daß er zuletzt die Absicht aufgab, in das öffentliche Leben zu treten.

Dreißig Jahre waren seitdem vergangen; da kam eines Nachts der Richter zu Tschu und sagte: «Das Maß Ihres Lebens wird bald erfüllt sein. Sie werden nach fünf Tagen sterben müssen.» Tschu fragte: «Kann ich nicht gerettet werden?» Der Richter antwortete: «Diese Dinge sind des Himmels, wir vermögen nichts über sie. Für den Weisen aber sind Leben und Tod das gleiche. Warum das Leben wie ein Glück fühlen und den Tod wie ein Unheil?» Tschu nahm diese Worte an und ließ die

* Etwa: Doktor.

festlichen Gewänder, Sterbebett und Sarg bereiten. Zur rechten Zeit kleidete er sich in die Totengewänder und starb.

Am nächsten Tag saß die Frau weinend an der Bahre. Da trat der Tote in den festlichen Gewändern zur Tür herein. Sie erschrak, er aber sprach zu ihr: «Ich bin wohl ein Geist, aber nicht verschieden von dem, der ich im Leben war. Ich habe an dich und den verwaisten Knaben denken müssen, die ich hier zurückgelassen habe.» Als seine Frau dies hörte, weinte sie noch mehr. Tschu sprach ihr Trost zu. Da sagte sie: «Ich habe gehört, daß Tote ins Leben zurückkehren. Da du solche Gewalt hast, warum sie nicht deinem Leib zuteilen?» Er antwortete: «Den Geboten des Himmels kann keiner widerstreben.» Sie fragte nun: «Was tust du in der Unterwelt?» Er erzählte: «Der Richter Lu hat mir ein hohes Amt verschafft, und es geht mir wohl.» Die Frau wollte weiter fragen, aber er unterbrach sie und sagte: «Der Richter ist mit mir gekommen. Bereite uns ein Mahl.» Sie tat es und hörte bald die beiden im Gastzimmer zechen und scherzen wie in den alten Tagen.

Um Mitternacht schaute sie hinein und sah, daß sie nicht mehr da waren. Sie kamen aber nun von Zeit zu Zeit wieder. Zuweilen brachte Tschu die Stunden der Nacht bei seiner Frau zu und ordnete mit ihr die Angelegenheiten des Hauses.

Tschus Sohn hieß Weï und war etwa fünf Jahre alt. So oft der Vater kam, nahm er den Knaben auf seine Arme. Als er acht Jahre war, lehrte ihn Tschu beim Lampenlicht lesen. Er war so klug, daß er im neunten schon Aufsätze machen konnte. Im fünfzehnten erlangte er den Hsiu-tsai-Grad. Zu dieser Zeit wußte er noch nicht, daß er keinen Vater hatte. Von da an wurden Tschus Besuche seltener, allmählich kam er nur einmal im Monat; endlich sagte er eines Nachts zu seiner Frau: «Ich bin dieses Mal noch hier, werde nun aber nicht mehr kommen.» Auf die Frage, wohin er denn gehe, antwortete er: «Ich habe den Befehl erhalten, mich an einen fernen Posten zu begeben. Die große Arbeit und der schwere Weg werden mir nicht erlauben, euch zu besuchen.» Seine Frau und sein Sohn legten ihre Arme um ihn und weinten. Er sagte:

«Tut dies nicht. Der Knabe ist groß geworden und kann das Vermögen verwalten. Wo hätten je Menschen, die verbunden waren, nicht voneinander scheiden müssen?» Dann wendete er sich noch zum Sohn und sagte: «Sei eifrig in deinem Tun und mehre deinen Ruf, der der meine ist. Nach zehn Jahren werden wir einander wiedersehen.» Dann ging er.

Als Weï fünfundzwanzig Jahre alt war, erlangte er den Tsin-schi-Grad und empfing vom Kaiser den Auftrag, die Opfer im westlichen Gebirge zu leiten. Auf seinem Wege dahin begegnete er dem Gefolge eines hohen Beamten, das mit den Standesabzeichen einem Wagen voranschritt. Als er den im Wagen Sitzenden ansah, erkannte er seinen Vater. Er stieg vom Pferde und warf sich weinend auf dem Wege nieder. Der Vater hielt den Wagen an und sprach: «Man sagt Gutes von dir. Nun kann ich zufrieden ruhen.» Weï lag noch auf der Erde und wagte nicht aufzustehen, sein Vater aber hieß weiterfahren. Nach einer kleinen Strecke jedoch wandte er sich um, löste sein Schwert und sandte es seinem

Sohn, indem er ihm zurief: «Trage es, und du wirst das Gelingen sehen.» Weï wollte ihm folgen, aber in einem Augenblicke waren Wagen, Pferde und Gefolge wie in einem Sturmwind verschwunden. Eine Weile gab Weï sich der Trauer hin; dann betrachtete er das Schwert. Es war von erlesener Arbeit, und in die Klinge war der Spruch gegraben: «Sei kühn, aber beherrscht, geschlossen im Denken, gestreckt im Handeln!»

Weï stieg danach zu hohen Ehren auf. Er hatte fünf Söhne, Tschen, Tschien, Wu, Hun und Schen. Eines Nachts träumte er, sein Vater befehle ihm, das Schwert dem Hun zu geben. Er tat es. Hun wurde später Statthalter und bewährte sich in seinem Amte.

DAS LACHENDE MÄDCHEN

In Lo-tien, in dem Bezirk Schantung, lebte ein Jüngling namens Wang Tse-fu, der in früher Kindheit den Vater verloren hatte. Er war ein gescheiter Bursch und erlangte mit vierzehn Jahren den Grad eines Hsiu-tsai. Seine Mutter verzärtelte ihn und erlaubte ihm nicht, sich allzuweit vom Hause zu entfernen. Seine Braut, aus der Familie Ssiao, starb vor der Heirat, und er war noch unvermählt, als im Frühling am Tage des Laternenfestes sein Vetter Wu ihn zu einem Spaziergang aufforderte. Sie hatten das Dorf kaum verlassen, da holte sie ein Diener seines Onkels ein und sagte Wu, er werde zu Hause verlangt. So mußte dieser heimkehren; Wang aber, der ringsumher eine Menge niedlicher Mädchen sah und sehr vergnügt war, ging allein weiter. Unter den anderen bemerkte er eine junge Dame mit ihrer Dienerin. Sie hatte eben einen Pflaumenblütenzweig gebrochen. Ihr lächelndes Gesicht war unwiderstehlich. Er starrte sie an, ohne den Anstand zu beachten. Als sie vorbeigegangen war, sagte sie zu ihrer Dienerin: «Dieser junge Mensch hat glühende Augen wie ein Dieb». Unter Lachen und Schwatzen weitergehend, ließ sie die Blüte fallen; Wang hob sie auf und stand trostlos da, als wäre seine Seele von ihm gewichen. Dann kehrte er in schwermütiger Verfassung heim. Nachdem er die Blüte unter sein Kopfkissen getan hatte, legte er sich nieder.

Seither wollte er weder reden noch essen. Seine Mutter ängstigte sich um ihn und rief die Priester, ihn zu besprechen, aber es half nicht. Er fiel am Fleische ab und wurde sehr mager. Nun kamen Ärzte, die ihm den Puls fühlten und ihm Arzeneien gaben, um die Krankheit zu verscheuchen; aber er lag wie gestörten Geistes da und trotz aller Fragen seiner Mutter wollte er ihr keinen Fingerzeig über die Ursache seiner Krankheit geben. Als eines Tags sein Vetter Wu ins Haus kam, bat ihn Wangs Mutter, er möge versuchen, zu erfahren, was es sei. Wu trat ans Bett und kam allmählich auf den Gegenstand zu sprechen. Wang, der beim Anblick seines Vetters in bitteres Weinen ausgebrochen war, erzählte ihm nun den Vorgang und bat ihn um Beistand. «Wie närrisch bist du, Vetter», rief Wu. «Es wird keinerlei Schwierigkeit geben, ich werde für dich Nachforschungen anstellen. Das Mädchen kann keiner sehr vornehmen Familie angehören, da sie außerhalb der Stadt spazierenging. Wenn sie nicht bereits versprochen ist, werden wir gewiß die Angelegenheit regeln können. Sollte sie etwa nicht willig sein, werden wir nur die Auslagen zu erhöhen brauchen, um sie geneigt zu machen. Werde schnell wieder gesund, ich will alles in Ordnung bringen.» Wangs Mienen erhellten sich, als er diese Worte hörte, und Wu verließ ihn, um seiner Mutter zu sagen, wie die Sache stehe. Hierauf ging er unverzüglich daran, den Wohnort des Mädchens zu erkunden. Zur großen Enttäuschung von

Wangs Mutter waren jedoch alle seine Bemühungen erfolglos; denn seit dem Besuch seines Vetters waren Wangs Gesichtsfarbe und Eßlust zurückgekehrt. Nach einigen Tagen kam Wu wieder. Als Antwort auf Wangs Fragen sagte er ihm trügerischerweise: «Ich habe alles erfahren. Was meinst du wohl, wer das Mädchen ist? Eine Base von uns. Sie ist noch nicht verlobt, und wiewohl ihr beiden etwas nahe verwandt seid, läßt sich wohl sagen, daß wir diese Schwierigkeit überwinden werden.» Wang war überfroh und fragte, wo sie lebe; so mußte Wu eine neue Lüge sagen und sprach: «Im südwestlichen Gebirge, dreißig Li* etwa von hier.» Wang bat ihn wieder und wieder, sein Bestes für ihn zu tun, und Wu unterfing sich, die Verlobung zum Abschluß zu bringen. Er nahm sodann Abschied von seinem Vetter, der von diesem Augenblick an sich rasch erholte. Wang zog die Blüte unter dem Kissen hervor und fand, daß sie, obgleich vertrocknet, die Blätter nicht verloren hatte.

* Li: die chinesische Meile, ungefähr ein halber Kilometer.

Oft saß er nun mit dieser Blüte spielend und dachte an das junge Mädchen, und es war ihm, als sei sie bei ihm. Als aber eine Zeit verging und Wu sich nicht sehen ließ, schrieb er ihm einen Brief und bat ihn zu kommen. Wu schützte, da er nicht gehen wollte, andere Verabredungen vor. Darauf geriet Wang in Wut und verlor seine ganze Heiterkeit wieder, so daß seine Mutter, die einen Rückfall befürchtete, ihm vorschlug, sich schleunig mit einem anderen Mädchen zu verloben. Wang schüttelte den Kopf und saß Tag um Tag auf Wu wartend, bis seine Geduld völlig erschöpft war. Er bedachte, daß dreißig Li keine große Entfernung seien und es daher keinen besonderen Grund gebe, die Hilfe eines anderen anzurufen. So verbarg er die Blüte in seinem Ärmel und machte sich erregt, ohne etwas zu sagen, auf die Reise.

Da er nicht nach dem Weg fragen konnte, ging er geradeaus auf die südlichen Berge zu. Nach einem Marsch von etwa dreißig Li befand er sich in der Mitte des Gebirgslandes, genoß die grüne Landschaft und atmete die köstliche Luft, begegnete aber keinem Wesen und hatte keinen anderen Wegweiser als die engen Pfade des Gebirges. Weiter unten im Tal, fast begraben unter dichtwuchernden Bäumen und Blumen, erspähte er einen kleinen Weiler und stieg hinab. Er fand wenige Hütten, alle aus Binsen geflochten, aber lieblich anzusehen. Vor dem Tor einer von ihnen, das am Nordende des Dorfes lag, standen einige zierliche Weidenbäume, und innerhalb der Mauer wuchs eine Menge von Pfirsich- und Aprikosenbäumen, mit Bambusbüscheln dazwischen und zwitschernden Vögeln in den Zweigen. Da es ein Privathaus war, wagte er nicht hineinzugehen, sondern setzte sich um auszuruhen auf einen großen glatten Stein, der der Vordertür gegenüberstand. Bald hörte er im Innern des Hauses eine Mädchenstimme den Namen Hsiao-jung rufen. Da er bemerkte, daß es eine süßklingende Stimme war, lauschte er ihr und saß noch lauschend da, als ein Mädchen heraustrat, das einen Strauß Aprikosenblüten in der Hand trug und sich gesenkten Kopfes eine nach der anderen ins Haar

steckte. Da hob sie das Gesicht und sah Wang. Sie hielt mit ihrer Arbeit inne, unterdrückte ein Lachen, raffte die Blüten zusammen und lief hinein. Wang erkannte zu seiner maßlosen Freude, daß sie keine andere war als die, der er am Laternenfest begegnet war. Da er sich besann, daß er kein Recht habe, ihr zu folgen, wollte er sie als seine Base anrufen. Es war jedoch niemand in der Straße und er fürchtete, er könnte einen Irrtum begehen; auch an der Tür war niemand, den er hätte fragen können. So verblieb er in großer Unruhe, bis die Sonne im Westen niederging. Seine Hoffnungen waren fast vernichtet, und er vergaß an Speise und Trank zu denken. Da gewahrte er, daß das Mädchen durch die Tür spähte und sich offenbar wunderte, ihn noch dazufinden. Nach einigen Augenblicken kam eine alte Frau heraus, die sich auf einen Stock stützte, und sagte zu ihm: «Woher kommen Sie, mein Herr? Ich erfahre, Sie seien vom Morgen an hier. Was ist es, dessen Sie bedürfen? Sind Sie nicht hungrig?» Wang stand auf, verneigte sich und antwortete, er suche Anverwandte. Aber die Alte schien taub und erfaßte nicht, was er sagte. Er mußte daher seine Worte schreiend wiederholen. Sie fragte ihn nun nach dem Namen seiner Verwandten, aber er konnte ihn ihr nicht sagen. Da lachte sie und sprach: «Wie kann man Verwandte suchen, deren Namen man nicht kennt? Ich fürchte, Sie sind ein unerfahrener junger Mann. Kommen Sie nur herein und essen Sie etwas. Wir können Ihnen auch ein Bett geben, bleiben Sie über Nacht bei uns, morgen können Sie dann heimgehen und den Namen der Leute ausfindig machen, die Sie suchen.» Wang begann Hunger zu verspüren, auch hoffte er so dem schönen Mädchen näherzukommen; er nahm daher bereitwillig an und folgte der Alten ins Haus.

Sie gingen zwischen rotblühenden Sträuchern einen gepflasterten Weg entlang, der mit verstreuten Blättern bedeckt war. Durch eine Tür eintretend, betraten sie einen Hofraum voll von Schlingpflanzen und anderen Gewächsen. Die Alte wies Wang in einen kleinen Raum mit schönen weißen Wänden und anmutigen reinlichen Geräten, durch dessen Fenster der Ast eines wilden Apfelbaums hereinhing. Kaum hatten sie sich gesetzt, als man jemand bemerkte, der einen Blick durch das Fenster in die Stube warf, worauf die Alte rief: «Hsiao-jung! beeile dich und mache das Essen zurecht». Eine Magd antwortete sogleich von draußen: «Ja, Frau.» Inzwischen hatte Wang erklärt, wer er war; und da sagte die alte Frau: «Hieß Ihr Großvater mütterlicherseits nicht Wu?» «So hieß er», antwortete Wang. «Ei wahrlich!» rief die Alte, «er war mein Onkel, und Ihre Mutter und ich sind Schwestern. Aber unserer Armut wegen und weil ich keine Söhne habe, haben wir ganz für uns gelebt, und Sie sind zum Mann herangewachsen, ohne daß ich Sie kannte.» «Ich kam eben hierher», sagte Wang, «um meine Tante zu suchen, aber in der Eile vergaß ich den Namen.» «Ich gehöre der Familie Tsching an», erwiderte die Alte. «Ich habe kein Kind geboren, doch lebt ein Mädchen bei mir, das Kind einer Nebenfrau, die nach dem Tode meines Mannes sich wieder verheiratete und ihre Tochter bei mir ließ. Es ist ein kluges Mädchen, hat aber eine sehr geringe Erziehung gehabt. Sie steckt voll Mutwill und weiß nichts von den Leiden des Lebens. Ich werde sie später holen lassen, damit sie Ihre Bekanntschaft mache.» Die Magd brachte nun das Mahl, ein wohlzubereitetes Huhn, und die Alte nötigte Wang zuzugreifen. Als sie fertig und die Schüsseln abgenommen waren, sagte die Alte: «Rufe Fräulein Ning», und die Dienerin ging hinaus. Nach einiger Zeit kicherte es an der Tür, und die Alte rief: «Ying-ning! Dein Vetter ist hier.» Da war nun ein großes Gekicher, als die Magd sie hineinstieß; sie hielt sich den Mund zu und versuchte das Lachen zurückzuhalten. «Weißt du dich nicht anders zu benehmen?» fragte die Alte, «und noch dazu vor einem Gast!» Ying-ning bezwang ihre Gefühle, und Wang machte ihr eine Verbeugung, während die Alte sprach: «Herr Wang ist dein Vetter und du hast ihn bisher nie gesehen. Das ist freilich zum Lachen!» Wang fragte, wie alt seine Base sei, aber die Alte hörte ihn nicht, und er mußte es wiederholen, was Ying-ning in ein neues Gelächter ausbrechen

ließ. «Ich habe Ihnen gesagt,» bemerkte die Alte, «daß sie nicht viel Erziehung hat, nun sehen Sie es. Sie ist sechzehn und närrisch wie ein Kind.» «Ein Jahr jünger als ich», bemerkte Wang. «Oh, Sie sind siebzehn?» sagte die Alte. «Dann sind Sie im Jahre des Pferdes geboren»*. Wang nickte, und nun fragte die Alte, wer seine Frau sei, worauf Wang erwiderte, er habe keine. «Was! ein gescheiter, artiger junger Mann von siebzehn noch nicht verlobt? Auch Ying-ning ist noch nicht versprochen. Sie beide würden ein angenehmes Paar geben, wenn nicht der Verwandtschaftsgrad wäre.» Wang sagte nichts, sah aber seine Base lebhaft an, und in diesem Augenblicke flüsterte die Magd ihr zu: «Es ist der Bursche mit den glühenden Augen! Sein Diebswesen ist das gleiche geblieben.» Ying-ning lachte und schlug der Dienerin vor, mit ihr hinauszugehen, um zu sehen, ob die Pfirsichbäume schon in Blüte seien. Sie gingen zusammen, Ying-ning den Ärmel in den Mund gestopft, bis sie draußen war, wo sie in ein herzhaftes Gelächter ausbrach. Die Alte gab Befehl,

* Die Jahre werden bei den Chinesen nach zwölf Tieren benannt.

für Wang ein Bett zu bereiten, und sagte zu ihm: «Wir begegnen einander nicht oft. Sie müssen, nun Sie einmal hier sind, einige Tage bei uns verbringen, und dann werden wir Sie heimsenden. Wenn Sie sich langweilen, finden Sie hier einen Garten, in dem Sie sich vergnügen können, und Bücher zum Lesen.»

Am nächsten Tag schlenderte Wang in den Garten hinaus, der von mäßigem Umfang war, mit einem wohlgepflegten Rasen, voll von Bäumen und Blumen. Da war auch eine Laube, die aus drei Pfählen mit einem Strohdach bestand, von allen Seiten ganz abgeschlossen durch die Üppigkeit der Gewächse. Als Wang sich seinen Weg durch das Blumengestrüpp bahnte, hörte er ein Geräusch von einem der Bäume her, und aufblickend sah er Ying-ning, die sogleich zu lachen begann, daß sie fast zu Boden fiel. «Nicht doch!» rief Wang, «Sie werden fallen.» Da kam Ying-ning herunter, immerzu kichernd, bis sie, als sie schon nahe am Boden war, den Halt verlor und hinabglitt. Das hemmte ihre Lustigkeit. Wang half ihr auf und drückte dabei sanft ihre

Hand. Ying-ning begann wieder so sehr zu lachen, daß sie sich an einen Baum lehnen mußte, und es währte eine Zeit, bis sie aufhören konnte. Wang wartete, bis sie mit dem Lachen fertig war, dann nahm er den Blütenzweig aus seinem Ärmel und reichte ihn ihr. «Er ist welk», sagte sie, «warum haben Sie ihn aufbewahrt?» «Es ist der, den Sie beim Laternenfest fallen ließen, Base», erwiderte Wang, «deshalb habe ich ihn behalten.» Sie fragte ihn nun, was seine Absicht dabei gewesen sei, und er antwortete: «Ihnen meine Liebe zu zeigen, und daß ich Sie nicht vergessen habe. Seit jenem Tag, da wir einander begegneten, bin ich vom vielen Denken an Sie krank gewesen und bin ganz anders geworden, als ich war. Es ist ein unerwartetes Glück, daß ich Sie wiedergefunden habe, und ich flehe, erbarmen Sie sich meiner.» «Sie brauchen um einer Kleinigkeit willen nicht so viel Aufhebens zu machen», sagte sie, «und gar einer Verwandten gegenüber. Ich werde Befehl geben, Ihnen, ehe Sie heimgehen, einen Korb voll Blumen zu überreichen.» Wang sagte ihr, sie sei töricht, und als sie fragte, warum er sie töricht nenne, sprach er: «Ich liebe die Blüte nicht um ihrer selbst willen, sondern um deren willen, die sie gepflückt hatte.» «Freilich», antwortete sie, «jeder macht sich etwas aus seinen Verwandten, Sie brauchten mir das nicht zu sagen.» «Ich meinte nicht Verwandtenliebe», sagte Wang, «sondern die zwischen einem Mann und seiner Frau.» «Welches ist der Unterschied?» fragte Ying-ning. «Ei», erwiderte Wang, «Mann und Frau schlafen beieinander.» «Das ist etwas, was ich nicht vertragen könnte», rief sie, «mit jemandem zusammenzuschlafen.» Als das Gespräch so weit gediehen war, kam die Magd herbei, und Wang schlich sich davon.

Bald trafen sie alle wieder im Hause zusammen, und die Alte fragte Ying-ning, wo sie gewesen sei. Sie erwiderte, sie hätten im Garten miteinander geredet. «Das Mittagessen ist schon lange bereit. Ich kann mir nicht denken, was ihr euch all die Zeit zu sagen hattet», begann die Alte. «Mein Vetter», antwortete Ying-ning, «sagte mir, daß er bei mir schlafen möchte.» Wang war sehr verwirrt und machte ihr ein Zeichen, still zu sein. Sie lächelte und sagte nichts weiter, und die Alte hatte glücklicherweise ihre Worte nicht verstanden und bat sie, sie zu wiederholen. Wang lenkte sie auf etwas anderes hin und flüsterte Ying-ning zu, sie habe sehr unrecht getan. Sie fragte, warum sie es nicht hätte mitteilen sollen, und als Wang ihr sagte, was er zu ihr gesprochen habe, sei eine heimliche Rede gewesen, antwortete sie ihm, man könne wohl anderen, aber nicht seiner alten Mutter etwas verheimlichen. «Überdies», fügte sie hinzu, «was kann denn daran Schlimmes sein, daß man über einen so gewöhnlichen Gegenstand wie über das Schlafen redet?» Wang ärgerte sich, daß sie so töricht war, aber er konnte nichts dawider tun.

Nach dem Mittagessen bemerkte er, aus dem Hause tretend, einige Diener seiner Mutter, die auf der Suche nach ihm gekommen waren und zwei Esel mit sich führten. Er erfuhr von ihnen, daß seine Mutter, in Angst versetzt, weil er nicht heimkehrte, das Dorf nach ihm durchsucht, und als sie keine Spur von ihm entdecken konnte, sich zur Familie Wu um Rat begeben hatte. Dort hatte ihr ihr Neffe, der sich dessen entsann, was er einst dem jungen Wang vorgelogen hatte, empfohlen, in der Richtung des Gebirges nachforschen zu lassen, und demgemäß waren die Diener schon in allen Dörfern des Weges gewesen, bis sie ihn erkannten, als er aus der Türe trat. Wang ging wieder hinein, sagte es der Alten und bat sie um die Erlaubnis, Ying-ning mit sich zu nehmen. «Ich habe seit einiger Zeit diesen Gedanken gehabt», erwiderte die Alte erfreut, «aber ich selbst bin ein altes schwaches Ding und kann nicht so weit reisen. Wenn Sie sich jedoch des Mädchens annehmen und es seiner Tante vorstellen wollen, ist es sehr gut.» Sie rief Ying-ning, die wie gewöhnlich lachend daherkam; worauf die Alte sie anfuhr und sagte: «Was macht dich immer so lachen? Du wärest ein Mädchen ohne Tadel, wenn du nicht diese Unart hättest. Da ist nun dein Vetter, der dich mitnehmen will. Mach dich schnell bereit.» Den Dienern, die um Wang gekommen waren, wurden Erfrischungen gereicht, und die Alte bot den Beiden

Lebewohl; zu Ying-ning aber sagte sie noch: «Deine Tante ist wohlhabend genug, dich zu erhalten, und du brauchst zunächst nicht wiederzukommen; achte darauf, Sitte und Haltung zu erlernen und aufmerksam gegen die Älteren zu sein. Und bitte deine Tante, dir einen guten Mann zu verschaffen.» Wang und Ying-ning nahmen sodann Abschied. Als sie den Hang des Hügels erreicht hatten, blickten sie zurück und konnten gerade noch die Gestalt der alten Frau unterscheiden, die an der Türe lehnte und nach Norden schaute.

Als sie in Wangs Haus angelangt waren, fragte seine Mutter, erstaunt, ein hübsches junges Mädchen bei ihm zu sehen, wer das sei; und Wang sagte es ihr. «Aber das alles war ja eine Erfindung deines Vetters Wu», rief die Mutter, «ich habe keine Schwester und kann daher auch keine Nichte haben.» Ying-ning sagte: «Ich bin nicht die Tochter der Alten; mein Vater hieß Tsching und starb, als ich ein kleines Kind war, so daß ich mich an nichts erinnern kann.» «Ich hatte eine Schwester», sagte Wangs Mutter, «die in der Tat einen Herrn Tsching geheiratet hat, aber sie ist seit vielen Jahren tot. Wie kann sie noch leben?» Als sie jedoch die Gesichtszüge und die besonderen Merkmale des Mädchens betrachtet hatte, mußte Wangs Mutter die Ähnlichkeit zugeben. Aber sie konnte sich nicht des Zweifels erwehren und verstand nicht, wie es möglich sei, daß ihre Schwester noch leben solle. In diesem Augenblick kam Wu herein, und Ying-ning zog sich zurück. Als Wu die Geschichte gehört hatte, blieb er eine Weile in Staunen versunken, dann fragte er: «Heißt dieses Mädchen nicht Ying-ning?» Wang antwortete, dem sei so, und fragte Wu, woher er es wisse. «Herr Tsching», antwortete der, «war nach dem Tode seiner Frau von einer Füchsin* behext worden und starb einige Zeit hernach. Die Füchsin hatte eine Tochter namens Ying-ning, die alle Verwandte gesehen haben. Als Tsching starb und die Füchsin den Ort nicht verlassen wollte, rief man einen «Meister des Himmels»**, der eine Schrift an die Wand heften ließ und so die Füchsin austrieb, die Ying-

* Die Chinesen glauben an dämonische Wesen, die in Fuchsgestalt leben, aber auch Menschengestalt annehmen können.

** Ein hoher taoistischer Zauberpriester.

ning mit sich nahm. Nun ist diese, wie es scheint, wieder bei uns.» Während sie dies besprachen, hörte man ein schallendes Gelächter aus dem innern Raum, und Frau Wang sagte: «Was ist das für ein närrisches Mädchen!» Wu bat, ihr vorgestellt zu werden. Frau Wang ging sie holen und fand sie in einem unbezwingbaren Lachanfall, den sie nur mit großer Mühe, das Gesicht zur Wand gekehrt, überwand. Sie ließ sich bewegen, hinauszukommen; aber nachdem sie eine Verbeugung gemacht hatte, rannte sie zurück und brach wieder in Lachen aus, so daß die anwesenden Damen sich nicht genug über sie wundern konnten. Wu sagte nun, er wolle gehen und für sie alles über Yingning und ihre seltsame Geschichte ausfindig machen, damit man die Heirat vorbereiten könne. Als er aber den bezeichneten Platz erreicht hatte, waren Dorf und Hütten verschwunden, und nichts war zu sehen als hier und da hingestreute Gebirgsblumen. Er entsann sich, daß seine Tante, Herrn Tschings Ehefrau, unweit dieser Stelle begraben worden war, fand jedoch das Grabmal nicht mehr und war auch nicht imstande, dessen Ort anzugeben. Unfähig, sich in alledem zurechtzufinden, kehrte er verwundert und seufzend heim. Frau Wang meinte nun, das Mädchen sei wohl ein abgeschiedener Geist. Sie ging hinein und teilte Ying-ning mit, was Wu berichtet hatte. Ying-ning zeigte kein Zeichen der Bestürzung bei diesen Worten, auch weinte sie nicht, als ihr Frau Wang ihr Bedauern darüber aussprach, daß sie ihr Heim nicht mehr habe. Sie lachte in ihrer gewöhnlichen törichten Weise und machte alle verwirrt.

Sie teilte nun Fräulein Wangs Zimmer und begann die Pflichten einer Tochter zu übernehmen. Ihre Handarbeit war von einer Feinheit, derengleichen sie nie gesehen hatten. Aber sie konnte ihre Gewohnheit zu lachen nicht bezwingen, die freilich niemals ihre Anmut störte und allen nur Vergnügen bereitete, ganz besonders aber einer jungen Frau, die im Nachbarhause wohnte und ihr sehr freundlich entgegenkam.

Wangs Mutter bestimmte einen glückbringenden Tag für die Hochzeit. Da sie aber noch immer wegen Ying-nings einen Verdacht hegte, beobachtete sie sie insgeheim. Sie fand jedoch, daß sie einen eigenen Schatten hatte* und daß nichts Außergewöhnliches an ihrem Gebaren war. Am angesetzten Tage ließ sie sie in den Brautschmuck kleiden. Als aber das Zeremoniell beginnen sollte, lachte Ying-ning so sehr, daß sie nicht fähig war niederzuknien**; sie waren daher genötigt, es ihr zu erlassen; aber Wang begann zu fürchten, daß es einem so närrischen Mädchen nicht möglich sein würde, die ehelichen Geheimnisse zu bewahren. Glücklicherweise aber war sie sehr schweigsam und fand keinen Gefallen am Geschwätz.

So oft Frau Wang in Sorgen oder verstimmt war, konnte Ying-ning sie immer mit einem Lachen erheitern. Wenn die Dienerinnen für irgend etwas eine Züchtigung erwarteten, baten sie sie stets anwesend zu sein, wenn sie vor ihrer Herrin erscheinen sollten, und so entgingen sie oft der Strafe.

Ying-ning hatte eine Leidenschaft für Blumen. Sie ließ sich von ihren Verwandten

* Die abgeschiedenen Geister sind daran zu erkennen, daß sie keinen Schatten haben.

** Bei der Trauung beten die Brautleute nebeneinander Himmel und Erde an.

schenken, soviel sie bekommen konnte, und verpfändete sogar ihre Juwelen, um seltene Arten zu kaufen; und nach einigen Monaten war der ganze Ort eine Blumenstätte.

Hinter dem Hause stand ein Blütenbaum, der dem Nachbarn gehörte; aber Ying-ning kletterte oft darauf herum und pflückte sich Blüten. Frau Wang schalt sie einigemal ohne Wirkung aus. Eines Tages sah sie der Besitzer des Baumes und starrte sie eine Weile verzückt an; sie rührte sich nicht und lachte nur. Der Mann meinte nun, daß auch sie an ihm Gefallen finde, und war ganz entflammt. Als sie lächelnd die Mauer auf ihrer Seite hinunterkletterte und dabei den Finger auf einen nahen Ort richtete, meinte er, sie gebe ihm ein Stelldichein. Er kam daher beim Anbruch der Nacht an jenen Ort, und auch Ying-ning war da. Er trat auf sie zu und umschlang sie; da durchdrang ihn ein stechender Schmerz bis ins Mark, und er fiel schreiend zu Boden. Als er aufblickte, erkannte er, daß das, was ihm als Ying-ning erschienen war, als alter Baumstamm an der Mauer lehnte. Was ihn ein Frauenschoß gedünkt hatte, war ein dunkles Astloch. Auf seine Schreie kam sein Vater herbei, dessen Fragen er nicht beantwortete. Erst als auch seine Frau herzukam, erzählte er alles. Man brachte eine Fackel, um den Baum zu beleuchten, und fand in dem Loch einen Skorpion, der an Umfang einem kleinen Hummer glich. Der Vater zerhieb den Stamm und tötete das Tier; dann trug er seinen Sohn ins Haus, wo er um Mitternacht starb.

Die Familie erhob nun gegen Wang die Anklage, er habe eine Hexe zur Frau. Da aber der Richter Wangs Talente schätzte und ihn als einen tüchtigen und rechtlichen Mann kannte, weigerte er sich, ihn vorzuladen, und befahl, dem Kläger wegen ungerechter Beschuldigung Rutenstreiche zu geben; auf Wangs Bitte wurde ihm die Strafe erlassen und er durfte heimkehren.

Die Mutter sagte scheltend zu Ying-ning: «Ich wußte, daß dein Mutwille einst Kummer über uns bringen würde. Wäre der Richter nicht ein verständiger Mann, uns alle hätte schon das Unheil gepackt. Jeder gewöhnliche Habicht von einem Beamten hätte dich öffentlich verhört; und wie hätte dann dein Mann sich je wieder vor den Leuten sehen lassen können?» Ying-ning blickte ernst drein und schwur, sie wolle nie wieder lachen. Frau Wang sagte: «Lachen ist allen Menschen gemein und nichts Böses, wenn es zu seiner Zeit geschieht.» Von diesem Augenblick an lachte Ying-ning nicht mehr, was immer auch die Leute anstellten, um sie zu belustigen. Doch war sie auch gar nicht betrübt.

Eines Abends kam sie weinend zu ihrem Mann, der zu wissen begehrte, was sie bedrücke. «Ich konnte es dir früher nicht sagen», berichtete sie ihm schluchzend; «wir haben einander so kurze Zeit gekannt, und ich wollte dich nicht ängstigen. Jetzt, da ihr, du und deine Mutter, so gütig zu mir gewesen seid, will ich es nicht länger für mich bewahren. Ich bin die Tochter der Füchsin. Als meine Mutter fortgetrieben wurde, übergab sie mich dem Geiste der verstorbenen Frau meines Vaters. Mit ihr habe ich über zehn Jahre lang gelebt. Brüder habe ich nicht; du bist der Einzige, zu dem ich mit meinem Verlangen kommen kann. Es ist aber dies, daß meine Pflegemutter in der Einsamkeit der Berge begraben ist, und keiner schafft ihr ein rechtes Grab und stillt ihre Unrast. Ist es nicht zuviel der Mühe für dich, so will ich dich bitten, es zu tun, daß ihr Geist zur Ruhe komme.» Wang sagte es ihr zu. Er befürchtete nur, sie würden das Grab nicht finden können; aber Ying-ning sagte, das würde sich schon fügen. In der Tat führte sie ihn, als sie angekommen waren, auf ein wüstes Feld, zu einem dichten Gebüsch, wo man den Leichnam der alten Frau fand. Ying-ning warf sich darüber und weinte. Die Leiche, die noch Fleisch und Haut hatte, wurde in die Stadt gebracht und im Grabgewölbe der Familie Tsching beigesetzt.

In der darauffolgenden Nacht träumte Wang, die alte Frau komme zu ihm und danke ihm. Als er erwachte, erzählte er es Ying-ning, die ihm sagte, auch sie habe sie gesehen. Wang fragte sie, warum sie die alte Dame nicht zurückgehalten habe. «Sie ist ein Geist», sagte Ying-ning, «und würde sich inmitten des Treibens vieler Menschen nicht wohl fühlen.» Wang erkundigte sich nach der Magd Hsiao-jung, und seine Frau gab ihm Bescheid: «Auch sie war eine Füchsin, und dazu eine recht schlaue. Meine Mutter hatte sie als meine Wärterin bei mir gelassen. Wir waren Freundinnen und pflegten Obst und Backwerk miteinander zu teilen. Ich werde sie nie vergessen. Meine Pflegemutter erzählte mir gestern, daß sie sich verheiratet hat.»

Am Totenfest gingen sie zum Grabe der Familie Tsching, wo sie die Gebete sprachen und die Zeremonien verrichteten.

Nach einem Jahre wurde Ying-ning ein Sohn geboren, der sich vor keinem Fremden fürchtete, sondern alle anlachte und überhaupt der Mutter nachgeriet.

DIE FÜCHSIN

Es war einmal ein junger Mann, aus I-tschau gebürtig, namens Sang Tse-ming, der in früher Kindheit verwaist war. Er lebte in der Nähe der Rote-Blumen-Gegend ganz einsam, nur zweimal am Tag ging er in die Wohnung eines Nachbarn, wo er seine Mahlzeiten einnahm, die übrige Zeit brachte er ruhig in seiner Behausung zu. Eines Tags besuchte ihn der Nachbar und fragte ihn scherzhaft, ob er sich nicht vor Geistern und Füchsen ängstige, da er so oft allein sei. «Oh», erwiderte Sang lachend, «was hat ein Mann von Geistern und Füchsen zu befürchten? Kommen sie als Männer, dann habe ich hier für sie ein scharfes Schwert; kommen sie als Weiber, so öffne ich ihnen die Tür und bitte sie einzutreten.»

Der Nachbar ging, und nachdem er sich mit einem Freunde besprochen hatte, veranlaßten sie eine Dirne, mit Hilfe einer Leiter die Mauer von Sangs Haus zu übersteigen und an die Tür zu klopfen. Sang guckte hinaus und rief: «Wer ist da?», worauf das Mädchen antwortete: «Ein Geist!» und Sang so sehr erschreckte, daß seine Zähne aneinander schlugen. Das Mädchen lief nun davon. Als am nächsten Tage der Nachbar ihn wieder besuchte, erzählte ihm Sang, was ihm widerfahren war, und sagte, er beabsichtige in seine Heimat zurückzukehren. Da klatschte der Nachbar in die Hände und fragte: «Warum haben Sie sie nicht hereingebeten?» Sang merkte nun, daß er angeführt worden war, und lebte ruhig weiter wie vorher.

Sechs Monate etwa danach klopfte ein Mädchen an seine Tür. Er dachte, seine Freunde trieben das alte Spiel wieder, öffnete sogleich und bat das Mädchen einzutreten. Sie tat es, und er gewahrte zu seinem Erstaunen, daß sie von einer Schönheit war, die ein Königreich zu stürzen vermöchte. Er fragte sie, woher sie komme, und sie antwortete, ihr Name sei Lien-hsiang und sie lebe in einem «grünen Haus»* im Westen. Sang vertraute ihren Worten. Sie löschten das Licht, legten sich zueinander und gaben sich einander hin. Seither erschien sie von Zeit zu Zeit bei ihm.

An einem Abend, da Sang sinnend allein saß und sie erwartete, trat plötzlich ein Mädchen ein. Er dachte, es sei Lien-hsiang, und ging ihr entgegen, sah aber, daß es eine andere war. Sie mochte fünfzehn oder sechzehn Jahre alt sein, hatte flatternde Ärmel und lose geschlungenes Haar nach der Art der Unvermählten und war zart und lieblich; sie ging mit schwanken Schritten, fast schwebend, vor sich hin. Sang war erstaunt und dachte, sie sei eine Füchsin; aber sie sagte: «Mein Name ist Li, und ich gehöre einer angesehenen Familie an. Da ich von Ihren schönen Gaben gehört habe, hoffe ich, daß Sie mir die Ehre Ihrer Bekanntschaft gewähren werden.» Sang lachte und nahm sie bei der Hand, die kalt wie Eis war; als er sie fragte, warum dies sei, sagte sie: «Ich bin von je zart und habe durch Frost

* Dirnenhaus.

und Wind gehen müssen, um zu Ihnen zu kommen. Es ist nur natürlich, daß meine Hand kalt ist.» Dann entkleidete sie sich, und er sah, daß sie eine Jungfrau war. Sie sagte: «Ich will heute aus Liebe zu Ihnen meine Unberührtheit opfern. Wenn Sie mich nicht geringschätzen, werde ich gern Ihren Kissen und Matten dienen.» Später sagte sie: «Kommt sonst jemand zu Ihnen?» Er antwortete: «Nur eine junge Dirne aus der Nachbarschaft, auch sie aber nicht oft.» «Wenn sie kommt, werde ich gehen», erwiderte das Mädchen. «Ich will ihr ausweichen, denn ich kann mich mit solchen nicht vergleichen lassen, und kann nur eintreten, wenn sie nicht da ist.» Beim Hahnenkrähen ging sie, gab ihm aber vorher noch einen gestickten Schuh und sagte: «Es ist einer, den ich getragen habe. So oft du ihn schüttelst, werde ich wissen, daß du mich zu sehen begehrst. Tue es aber nie in der Gegenwart von Fremden.» Nun hielt er einen winzigen Schuh, so spitz fast wie eine Ahle, in der Hand, und vergnügte sich daran.

Am nächsten Abend, als niemand zugegen war, zog er ihn hervor und schüttelte ihn, worauf sogleich das Mädchen herangeschwebt kam. Seither erfüllte sie, so oft er den Schuh in die Hand nahm, seinen Wunsch und stand vor ihm. Das schien ihm so sonderbar, daß er sie zuletzt bat, es ihm zu erklären; aber sie lachte nur und sagte, es sei ein bloßer Zufall.

Eines Abends nach diesem kam Lien-hsiang zu ihm und fragte sogleich beim Eintreten erschrocken: «Was ist es, das dich so kränklich aussehen macht?» Sang erwiderte, er wisse es nicht. Nach einiger Zeit nahm sie Abschied und sagte, sie würden einander erst nach zehn Tagen wiedersehen. Fräulein Li besuchte während dieser Zeit Sang täglich. Bei einem Anlaß fragte sie ihn, wo seine andere Freundin sei. Sang sagte es ihr; da lachte sie und sprach: «Welches ist deine Meinung von mir, wenn du mich mit Lien-hsiang vergleichst?» «Ihr seid beide unvergleichlich schön», erwiderte er, «aber du bist um ein weniges die kältere.» Fräulein Li schien dies nicht gern zu hören und rief: «Daß wir beide unvergleichlich seien, das sagst du nur mir. Da muß sie ja die Mondgöttin selbst sein, und ich kann mich mit ihr nicht messen.» Sie sah betrübt aus, berechnete, daß Lien-hsiangs zehn Tage zu Ende waren, und sagte, sie wollte sie zu sehen bekommen, aber Sang müsse versprechen, es vor jener geheimzuhalten. Am nächsten Abend kam Lien-hsiang. Als sie und Sang sich zu Bette begeben hatten, rief sie plötzlich: «Wehe! nur zehn Tage sind vergangen und es geht dir soviel schlimmer. Ist dir etwas Böses begegnet?» Sang fragte, woraus sie das entnehme. Sie antwortete: «Aus deinem Aussehen, und überdies ist dein Puls verstört. Du hast die Geisterkrankheit bekommen.»

Als am nächsten Abend Li kam, fragte Sang sie, was sie von Lien-hsiang denke. «Oh,» sagte sie, «ihre Schönheit ist über allen Worten. Ich wußte bisher nicht, daß es so große Schönheit gibt. Aber sie ist eine Füchsin. Als sie fortging, folgte ich ihr bis zu ihrem Bau am Hügelabhang.» Sang schrieb diese Rede der Eifersucht zu und achtete nicht darauf. Als aber am darauffolgenden Abend Lien-hsiang zu ihm kam, sagte er: «Ich selbst glaube es nicht, aber jemand hat mir gesagt, du seist eine Füchsin.» Lien-hsiang fragte, wer das gesagt habe, worauf Sang erwiderte, er habe nur gescherzt. «Was ist denn für ein Unterschied,» sagte sie, «zwischen einem Fuchs und einem Menschen?» «Füchse», meinte Sang, «bringen über Menschen, die sie verzaubern, Unheil und Tod und werden daher sehr gefürchtet.» «Nein», sagte sie. «In deinem Alter erlangt man drei Tage, nachdem man bei einer Füchsin lag, seine Kraft wieder. Treibt man aber das Liebesspiel täglich, dann mag manch ein Menschenweib wohl schlimmern Schaden tun. Die böseste Gefahr kommt von den abgeschiedenen Geistern. Es muß mich jemand verleumdet haben.» Sang bestritt es zuerst, aber allmählich gab er ihrem Drängen nach und erzählte ihr alles. «Ich hatte mich ja schon darüber gewundert, daß du so schwach geworden bist,» sagte Lien-hsiang; «aber wie ist es so weit gekommen? Sie ist gewiß kein menschliches Wesen, da sie in dir eine so schnelle Verwandlung hervorruft. Sage nichts, morgen will ich sie beobachten, wie sie mich beobachtet hat.»

Am nächsten Abend kam Li; aber kaum hatten sie etliche Worte getauscht, als hinterm Fenster ein Husten sich vernehmen ließ, und sie lief hinaus. Lien-hsiang trat nun ein und sagte zu Sang: «Weh dir, sie ist ein Geist, und wenn du dich um ihrer Schönheit willen nicht von ihr trennen kannst, ist dein Weg zum Tode nicht lang.» «Es ist nur Eifersucht», dachte Sang und schwieg, aber Lien-hsiang fuhr fort: «Ich sehe, daß du sie nicht aufgeben kannst. Aber ich kann nicht zusehen, wie du hingeopfert wirst, und morgen will ich dir eine Arzenei bringen, um das Gift aus deinem Körper zu vertreiben. Glücklicherweise hat dich das Übel noch nicht ganz erfaßt, und in zehn Tagen wirst du dich wieder wohl befinden. Ich will die Zeit über bei dir sein, bis du wieder gesund bist.» Am nächsten Abend machte sie eine Arzenei zurecht und gab sie ihm ein. Im selben Augenblick fühlte er sich gekräftigt. Wiewohl er ihr nun sehr dankbar war, wollte er doch nicht glauben, daß er die Geisterkrankheit hätte. Lien-hsiang blieb bei ihm, um ihn zu pflegen; wenn Sang sie aber liebkosen wollte, wehrte sie ihn ab.

Nach einigen Tagen hatte sich seine Haut wieder mit Fleisch gefüllt, und Lien-hsiang verließ ihn, indem sie ihn erneut warnte, er solle mit Fräulein Li nicht mehr zusammenkommen.

Sang gab vor, er wolle ihren Rat befolgen, aber sobald sie hinausgegangen war, schloß er die Tür, machte die Lampe zurecht und nahm den Schuh in die Hand. Als er ihn schüttelte, erschien Li, die darüber ärgerlich zu sein schien, daß sie mehrere Tage von ihm ferngehalten worden war. Sang sagte: «Sie hat mich nur einige Nächte lang gepflegt, während ich krank war. Sei nicht böse.» Li heiterte sich nun ein wenig auf. Bald darauf sprach Sang zu ihr: «Ich liebe dich sehr, aber jemand sagte mir, du seist ein Geist.» Sie schwieg eine Weile und rief dann: «Das hat dir diese liederliche Füchsin vorgelogen. Wenn du sie nicht aufgibst, werde ich nicht mehr zu dir kommen.» Sie begann nun heftig zu schluchzen, und Sang hatte eine rechte Mühe, sie zu besänftigen.

Am nächsten Abend kam Lien-hsiang. Sie wußte bald, daß Li bei ihm gewesen war, und fuhr Sang zornig an: «Willst du unbedingt sterben?» Sang fragte lachend: «Warum bist du so eifersüchtig?» Aber sie wurde nur noch wütender und erwiderte: «Als du dir die Krankheit eingepflanzt hattest und ich sie ausriß, wie hätte ich das tun können, ohne eifersüchtig zu sein?» Sang sagte scherzend: «Und sie hat mir erzählt, die Krankheit sei aus dem Treiben einer Füchsin entstanden.» Sie seufzte und sprach: «Und das kannst du für die Wahrheit halten? Du siehst die Wirklichkeit deiner Verzauberung noch nicht. Wenn dir ein Unheil widerfährt, werde ich mich nicht vor dir lossprechen können, und wenn ich hundert Zungen hätte. Wir wollen daher voneinander scheiden. Nach hundert Tagen werde ich an deinem Sterbebette sein.» Sang konnte sie nicht bewegen zu bleiben, und sie ging. Von da an kam Li Tag um Tag zu ihm.

Nach zwei Monaten begann Sang eine große Müdigkeit zu verspüren. Erst versuchte er sie abzuschütteln, aber allmählich wurde er sehr mager und konnte nichts als etwas Reisschleim zu sich nehmen. Er dachte nun daran, in seine Heimat zurückzukehren, aber er konnte es nicht über sich bringen, Fräulein Li zu lassen, und nach wenigen Tagen war er so schwach, daß er nicht aufzustehen vermochte. Sein Nachbar, der sah, wie schlecht es ihm ging, sandte ihm täglich durch seinen Burschen Essen und Trinken.

Um diese Zeit begann Sang zum erstenmal Zweifel an Fräulein Li zu hegen, und einmal sagte er zu ihr: «Ich bereue, daß ich auf Lien-hsiang nicht gehört habe, ehe ich so elend wurde.» Darauf schloß er die Augen und hielt sie eine gute Weile geschlossen. Als er sie wieder auftat und sich umsah, war Li verschwunden.

Ihr Verkehr war nun zu Ende, und Sang lag allein mit seinem Leiden auf dem Bette und sehnte sich nach Lien-hsiang. Als er eines Tages so an sie dachte, schob jemand den Vorhang zur Seite und ging auf Sang zu. Es war Lien-hsiang. Sie trat ans Bett und sagte mit einem Lächeln: «Habe ich mich geirrt, mein Freund?» Sang konnte eine Zeitlang nicht sprechen, dann bekannte er sein Unrecht und bat sie, ihn zu retten.

«Wenn die Krankheit diese Höhe erreicht hat», antwortete sie, «ist kaum noch eine Hilfe zu finden. Ich kam nur, dir Lebewohl zu sagen und das Mißtrauen gegen mich von dir zu nehmen.» Sang sagte traurig: «Unter meinem Kopfkissen liegt etwas; nimm es und vernichte es.» Sie zog den Schuh hervor und betrachtete ihn im Licht der Lampe, indem sie ihn hin und her wendete. Sogleich kam Fräulein Li herein. Als sie Lien-hsiang erblickte, wollte sie entfliehen, aber die andere versperrte ihr den Weg zur Tür. Sang begann Li Vorwürfe zu machen, die sie jedoch nicht beantwortete. Dann sagte Lien-hsiang lächelnd: «Endlich begegnen wir einander. Ehedem nannten sie mich die Ursache der Krankheit dieses Herrn. Was haben Sie heute zu sagen?» Li beugte den Kopf wie zum Zeichen einer Schuld, und Lien-hsiang sprach weiter: «Sie sind so herrlich schön und konnten doch ihre Liebe zum Verderben machen!» Da warf sich Li weinend zu Boden und bat um Erbarmen. Lien-hsiang hob sie auf und fragte nach ihrem vergangenen Leben. Sie sagte: «Ich bin die Tochter eines Unterpräfekten namens

Li. Ich starb jung und wurde an der Mauer dieses Hauses begraben. Das Gespinst meines Schicksals war unvollendet geblieben wie das eines Seidenwurms, der im Frühling stirbt. Daraus kam mein Wunsch, die Gesellin dieses Herrn zu werden. Aber ihm den Tod zu geben hatte ich nicht im Sinn!» Lien-hsiang sagte: «Ich habe gehört, Geister töteten Menschen, weil ihre Opfer nach dem Tode für immer bei ihnen bleiben. Ist dem so?» «Es ist nicht so», antwortete Li. «Das Beisammensein zweier Geister kann keinem von beiden Lust gewähren. Wäre es anders, hätte es mir im unteren Reiche nicht an jungen Leuten gefehlt.» «Das muß freilich schlimm sein!» sagte Lien-hsiang. «Ist es schon schwer zu ertragen, allnächtlich einem Menschen anzugehören, wieviel mehr erst einem Geist!» Li sagte: «Aber auch Füchse bringen ja den Menschen den Tod. Worin besteht Ihre Kunst, es nicht zu tun?» «Es gibt freilich Füchse», sagte Lien-hsiang, «die Kraft aus den Menschen saugen. Ich bin aber nicht von dieser Art. Es gibt Füchse, die kein Verderben in sich tragen. Geister aber, die es nicht täten, gibt es nicht, weil das dunkle Weltelement* in ihrer Beschaffenheit vorherrscht.» Sang wußte nun, daß die Mädchen in der Tat ein Fuchs und ein Geist waren; da er jedoch seit langer Zeit ihnen innig zugesellt war, wandelte ihn keine Furcht an. Plötzlich aber wurde er inne, daß sein Atem dünn geworden war wie ein Seidenfaden, und er stöhnte auf. Lien-hsiang sah vor sich hin und sagte: «Wie wollen wir ihn heilen?» Darauf errötete Li über und über und trat zurück. Lien-hsiang sprach weiter: «Ich fürchte, Sie werden, wenn er genesen ist, wieder in wilde Eifersucht verfallen.» Li trat vor und sagte: «Wenn ein Arzt gefunden wird, der mein Verderben von diesem Herrn weghebt, will ich meinen Kopf in der Erde begraben, denn wie könnte ich der Welt ins Angesicht schauen?» Lien-hsiang öffnete nun eine Tasche, zog einige Arzenei hervor und sagte: «Ich habe dem heutigen Tage vorgesorgt. Als ich diesen Herrn verließ, ging ich dar-

* Die Welt ist nach der Auffassung der chinesischen Kosmologie aus dem Zusammenwirken zweier Elemente hervorgegangen, des Yin und des Yang, das ist des dunklen und des hellen, des weiblichen und des männlichen Prinzips. In dem natürlichen Menschen sind beide harmonisch verbunden.

an, meine Heilkräuter in den Bergen zu sammeln, und drei Monate erfordert die Bereitung. Diese Arzenei kann einen noch von der Schwelle des Todes heimrufen. Doch ist die Bedingung ihres Wirkens, daß ihr etwas von dem beigetan werde, der das Leiden geweckt hat. Das ist nun an Ihnen.» Li fragte sie, was sie denn hergeben solle, und Lien-hsiang antwortete: «Einen Tropfen Ihres Speichels müssen Sie, wenn Herr Sang die Pillen in seinem Munde hat, ihm mit Ihren Lippen darreichen.» Lis Wangen färbten sich mit tiefem Rot, sie neigte den Kopf, sah erst zur Seite, dann auf ihre Schuhe. Lien-hsiang sagte: «Ihre Gedanken haften wohl an Ihren Schuhen?» Lis Scham wurde noch größer, und sie wußte nicht, was sie beginnen sollte. «Das ist doch eine Kunst, die Sie oft geübt haben», sagte jene wieder, «warum sie jetzt versagen?» Endlich fügte sich Li widerstrebend in ihren Willen und tat mal um mal, was ihr befohlen war. Als Sang die Pillen geschluckt hatte, entstand ein Gewitter in seinem Leibe, und als Lien-hsiang nun auch ihren Mund an seinen legte und ihm ihren Atem einflößte, fühlte er es in sich wie eine Feuersbrunst. Dann aber fand er sich mit einem Male gestärkt und voll neuen Lebens, und Lien-hsiang rief: «Er ist geheilt.» In diesem Augenblick krähte der Hahn, und Li verschwand.

Lien-hsiang blieb bei dem Genesenden, um ihn zu pflegen. Sie schloß die Außentür, um dem Hause den Anschein zu geben, als sei Sang in seine Heimat abgereist, und so allen Besuchen vorzubeugen. Tag und Nacht war sie um ihn bemüht. An jedem Abend kam Fräulein Li ihr Beistand leisten. Sie begegnete Lien-hsiang wie einer älteren Schwester und wurde von ihr mit vieler Liebe behandelt. Nach drei Monaten war Sang so kräftig und wohlauf wie je zuvor. Fräulein Li kam nun öfters mehrere Abende über nicht zu ihm, und wenn sie kam, ging sie nach wenigen Augenblicken wieder. Wenn man zu ihr redete, fühlte man, daß etwas sie im Geiste bedrückte. Lien-hsiang lud sie einigemal ein, über Nacht bei ihnen zu bleiben, aber sie lehnte es stets mit Entschiedenheit ab. Eines Abends lief ihr Sang nach und trug sie auf seinen Armen ins Zimmer zurück, da war sie nicht schwerer als ein Strohwisch. Sie konnte nicht mehr entfliehen und mußte die Nacht über bei ihnen bleiben, aber sie wollte sich nicht entkleiden. Sie kauerte sich zusammen, bis sie nicht größer als zwei Fuß schien. Lien-hsiang erbarmte es ihrer, und sie veranlaßte Sang heimlich, Li zu umarmen und zu rütteln, aber er konnte sie nicht wecken, und bald schlief er selbst. Als er erwachte, war sie verschwunden.

Als eine Reihe von Tagen verging, ohne daß sie sich sehen ließ, dachte Sang inbrünstig an sie. Oft holte er den Schuh hervor und schüttelte ihn. Lien-hsiang sagte: «Es ist mir nicht verwunderlich, daß du als Mann sie vermissest, da selbst meine Gedanken ihr zärtlich zugewandt sind.» «Wenn ich früher», entgegnete Sang, «den Schuh schüttelte, kam sie zu mir. Es erschien mir seltsam, aber ich meinte nicht, daß sie ein Geist sei. Und nun sitze ich mit diesem Schuh in der Hand und kann nichts tun, als an sie denken und um sie trauern.» Und er weinte.

Zu jener Zeit war die Tochter der wohlhabenden Familie Tschang, namens Yen-erh, im Alter von fünfzehn Jahren plötzlich ohne eine sichtbare Ursache gestorben. In der Nacht kam sie aber wieder ins Leben, stand auf und wollte hinausgehn. Man schloß die Tür und wollte es ihr nicht erlauben. Da sagte sie: «Ich bin der Geist der Tochter eines Unterpräfekten. Herr Sang war mir zugetan, und ich habe meinen Schuh bei ihm gelassen. Ich bin ein Geist — was frommt es, mich zurückzuhalten?» Da ihre Worte auf Wahrheit begründet zu sein schienen, fragte man, warum sie gekommen sei, aber sie blickte nur auf und nieder und konnte keine Erklärung geben. Jemand sagte nun, Herr Sang sei in seine Heimat zurückgekehrt, aber das Mädchen weigerte sich, es zu glauben.

Die Leute ringsum waren durch dieses Ereignis in Staunen versetzt. Als Sangs Nachbar es erfuhr, stieg er über die Mauer und sah Sang in vertrautem Zwiegespräch mit einem schönen Mädchen. Er schlich sich leise herbei, aber als er eintrat, war die Besucherin verschwunden. Er fragte, was dies bedeute, und Sang antwortete lachend: «Ich habe Ihnen ja schon gesagt, daß ich, wenn irgendeine Dame an meine Tür kommt, sie bitten würde einzutreten.» Der Nachbar erzählte ihm nun, was Fräulein Yen-erh gesagt hatte. Sang begehrte hinzugehn und sie zu sehen, wußte aber nicht, wie er es anstellen sollte.

Indessen erfuhr Frau Tschang, daß er nicht abgereist war, und sandte eine alte Dienerin um den Schuh, den er sogleich hergab. Fräulein Yen-erh war sehr erfreut, ihn wiederzuhaben; als sie ihn aber anzuziehen versuchte, war er um einen Zoll zu klein für ihren Fuß. Befremdet griff sie nach einem Spiegel und besah sich darin; und da erst wurde es ihr plötzlich offenbar, daß sie in einer Andern Körper zum Leben wiedergekehrt war. Sie erzählte nun alles ihrer Mutter und es gelang ihr endlich, sie zu überzeugen. Dabei weinte sie aber immerzu, sah in den Spiegel, weinte wieder und sagte endlich: «Ich bin so häßlich geworden! Als ich einst Lien-hsiang sah, war ich nicht mehr zufrieden mit mir. Jetzt aber möchte ich lieber wieder ein Geist sein als solch ein Mensch!»

Sie saß nun und weinte über dem Schuh und wollte sich nicht trösten lassen. Zuletzt legte sie sich hin, deckte sich zu und lag seither starr und steif, ohne irgendeine Speise anzunehmen. Ihr Körper schwoll an, und sieben Tage lag sie ohne Nahrung, aber in ungemindertem Leben. Dann nahm die Schwellung ab, und ein starker Hunger kam über sie, daß sie sogleich essen mußte. Hierauf spürte sie einen scharfen Reiz am ganzen Leibe, und ihre Haut schälte sich ab. Als sie am Morgen aufstehen wollte, sah sie, daß ihr die Schuhe von den Füßen fielen. Sie wollte sie wieder anziehen und merkte, daß sie ihr viel zu groß geworden waren. Sie holte nun den alten Schuh hervor, und der paßte ihr genau. Entzückt nahm sie den Spiegel in die Hand und sah, daß sie an Brauen, Augen, Wangen wieder wie einst war. So wusch sie sich, kleidete sich an und suchte die Mutter auf. Alle, die ihr begegneten, waren tief betroffen.

Als Lien-hsiang von der seltsamen Begebenheit hörte, redete sie Sang zu, eine Heiratsvermittlerin hinzuschicken und sich Yen-erh zur Frau zu erbitten. Aber da sie reich und er arm war, wagte er es nicht zu tun. An Frau Tschangs Geburtstag jedoch ging

Sang mit den andern, ihr seinen Glückwunsch darzubringen. Als der alten Dame sein Kommen angekündigt wurde, hieß sie Yen-erh hinter dem Vorhang hervorlugen. Sang kam als Letzter. Sogleich stürzte Yen-erh heraus, erfaßte ihn beim Ärmel und sagte, sie wolle mit ihm gehen. Die Mutter schalt sie aus und sie lief beschämt zurück. Sang aber, der sie mit vertrautem Blick angesehen hatte, brach in Tränen aus und warf sich zu Frau Tschangs Füßen, die ihn aufhob, ohne ihm etwas Unliebes zu sagen. Er kehrte nun heim und erbat von seinem Onkel, daß er die Vermittlung übernehme. Das Ergebnis der Verhandlungen war, daß ein glücklicher Tag für die Hochzeit bestimmt wurde. Sang kam nach Hause und erzählte es Lien-hsiang. Sie wurde traurig und wollte von ihm Abschied nehmen. Sang war davon so bewegt, daß er zu weinen begann. Lien-hsiang sagte: «Du feierst Hochzeit in einer fremden Familie. Wenn ich mit dir ginge, was für ein Gesicht könnte ich den Leuten zeigen?» Sang schlug ihr vor, er wolle sie erst in seine Heimat bringen und dann Yen-erh abholen. Sie erklärte sich einverstanden. Sang erzählte es nun der Familie Tschang, die zu verstehen meinte, er habe bereits eine Frau, und ihm zornige Vorwürfe machte. Yen-erh erklärte es ihnen aber, und sie gewährten ihm die Bitte.

Zur angesetzten Zeit ging Sang die Braut abholen. Als er wiederkehrte, sah er, daß die ärmliche Ausstattung seines Hauses verschwunden war, prächtige Teppiche deckten von der Haustür an den Boden, und Tausende farbiger Laternen hingen umher. Lien-hsiang führte die Braut hinein, nahm ihr den Schleier ab und sah, daß sie dasselbe helle Mädchengesicht wie einst hatte. Sie leistete den Vermählten Gesellschaft beim Hochzeitstrank. Dann fragte sie die Freundin, wie es ihr auf der Wanderung ergangen sei. Yen-erh erzählte: «Vom Gram überwältigt ekelte ich mich vor mir selbst wie vor einem unreinen Ding. Als ich euch an jenem Tage, da wir uns zum letztenmal sahen, verlassen hatte, wollte ich nicht wie sonst in mein Grab zurückkehren. So schweifte ich umher, und wo ich ein Lebendiges sah, beneidete ich es. Untertags hockte ich unter Bäumen oder im Gebüsch.

In der Nacht wanderte ich dahin und dorthin. So kam ich in das Haus der Familie Tschang und sah ein totes Mädchen auf dem Bette liegen. Da bemächtigte ich mich ihres Leibes, und wie ich zum Leben erwacht bin, weiß ich nicht.»

Als Lien-hsiang dies hörte, verfiel sie in ein tiefes Sinnen. Etliche Wochen danach gebar sie einen Sohn. Nach einiger Zeit erkrankte sie, wurde schwächer und schwächer. Einmal ergriff sie Yen-erhs Arm und sagte: «Ich möchte mein Kind in deiner Pflege lassen. Es ist, als wäre es das deine.» Yen-erh weinte, tröstete sie und wollte Zauberer und Ärzte rufen, aber Lien-hsiang ließ es nicht zu. Zuletzt wurde ihre Krankheit so schwer, daß ihr Atem wie ein Faden war. Sang und Yen-erh standen weinend an ihrem Bett. Da öffnete sie noch einmal die Augen und sprach: «Ihr freut euch an eurem Leben, ich freue mich an meinem Sterben. Wenn das Schicksal es will, werden wir nach zehn oder mehr Jahren einander wieder begegnen.» In diesen Worten ging ihr Geist hinweg, und auf dem Bett lag die Leiche eines Fuchses. Sang ließ sie mit aller Ehre, die einem toten Menschen erwiesen werden kann, begraben.

Lien-hsiangs Kind wurde Fuchssohn genannt. Yen-erh pflegte es wie ein eigenes. Jedes Jahr gingen sie mit ihm auf das Grab der Mutter und trauerten um sie.

Nach einigen Jahren erwarb Sang den Grad eines Kü-jen und wurde reicher. Yen-erh klagte oft darüber, daß sie keine Kinder hatte. Der Fuchssohn war klug, aber schwach und kränklich.

Yen-erh redete Sang oft zu, eine Nebenfrau zu nehmen, aber er wollte nicht darauf hören. So vergingen die Jahre.

Eines Tags kam eine Dienerin herein und sagte: «Es ist eine alte Frau draußen, Sie hat ein Mädchen bei sich, das sie verkaufen will.» Yen-erh hieß sie hereinführen. Sowie sie das Mädchen erblickte, rief sie überrascht: «Bist du es, Schwester Lien-hsiang?» Nun kam Sang herbei, und auch ihn machte es erstaunen, wie sehr das Mädchen seiner toten Freundin glich. Dessen Alter gab die Frau mit vierzehn Jahren an, und auf die Frage nach dem Preise antwortete sie, sie habe nur dieses eine Kind, wenn das Mädchen nur versorgt werde, brauche sie nicht mehr als eine Brotstätte, um nicht auf der Straße zu sterben. Sang gab ihr ein ansehnliches Kaufgeld und hieß sie bleiben. Dann nahm Yen-erh das Mädchen bei der Hand und führte es in ein abgesondertes Zimmer. Dort faßte sie sie unters Kinn und fragte lächelnd: «Kennst du mich?» «Nein», sagte das Mädchen. Auf weitere Fragen erzählte sie: «Ich heiße Wei. Mein Vater war ein Safthändler in Hsü-tscheng. Er ist vor drei Jahren gestorben.» Yen-erh zählte nun an den Fingern ab, daß seit dem Tode Lien-hsiangs gerade vierzehn Jahre verstrichen waren. Dann betrachtete sie wieder das Mädchen und sah, daß es in jedem Zuge und in jeder Bewegung der Freundin glich. Sie strich ihr übers Haar und sagte: «Meine Schwester, du hast versprochen, daß wir einander wieder begegnen würden, und hast dein Versprechen gehalten.» Da war es, als erwache das Mädchen aus einem Traum. Es schrie auf und sah Yen-erh mit einem vertrauten Blicke an. Sang rief lächelnd: «Es ist, wie wenn die alte Hausschwalbe wiederkehrt.»

«Nun verstehe ich alles», sagte das Mädchen. «Ich erinnere mich, von meiner Mutter gehört zu haben, daß ich sogleich nach meiner Geburt sprechen konnte und daß man, weil man dies für ein Unheil hielt, mir Hundeblut zu trinken gab, bis ich alles, was sich in meinem ersten Leben ereignet hatte, vergaß. Heute endlich löst sich die Betäubung wieder. Bist du nicht jenes Fräulein Li, das sich schämte, weil sie ein Geist war?» Nun redeten sie von ihrem früheren Leben und weinten und lachten.

Als im Frühling wieder das Totenfest kam, sagte Yen-erh zur Freundin: «Das ist der Tag, an dem ich und mein Mann jedes Jahr meine Schwester beweinten.» So gingen sie mitsammen an das Grab. Das hohe Gras wucherte darüber, und die Bäume standen ringsum im ersten Laub. Das Mädchen atmete tief auf. Yen-erh sagte zu Sang: «Lien-hsiang und ich waren in zwei Zeiten des Lebens einander zugetan. Wir wollen auch im Tode nicht getrennt sein, und meine weißen Knochen sollen bei den ihren begraben sein.» Sang stimmte dem zu, sie ließen das Gebein aus Fräulein Lis Grab bringen

陳多壽生死夫妻

und es bei dem von Lien-hsiang begraben. Die Freunde und Verwandten versammelten sich, in Festkleider angetan, um das Grab, und viele Hunderte von Menschen, die diese seltsame Geschichte gehört hatten, gesellten sich zu ihnen.

Als ich nach dem Süden reiste, kam ich durch den Bezirk I-tschau und mußte des Regens wegen in einem Gasthof verweilen. Da gab mir ein Herr Liu Tse-tsching eine Lebensbeschreibung seines Vetters, des Herrn Sang, zu lesen, die von dessen Studiengenossen Wang Tse-tschang verfaßt war und wohl zehntausend Wörter enthielt. Dies hier ist nur ein Auszug daraus.

DIE WEGE DES LIEBENDEN

In der Provinz Kuang-si lebte ein junger Gelehrter von Ruf, namens Ssen Tse-tschu. Er war mit sechs Fingern geboren und von so einfältiger Art, daß er alles glaubte, was man ihm vormachte. Wenn er zu einem Gastmahl geladen war und die Sängerinnen in den Saal traten, ergriff er die Flucht. Jemand, der davon wußte, lockte ihn in sein Haus und forderte eine Kurtisane auf, ihm zuzusetzen; da errötete er bis in den Nacken und der Schweiß fiel in Tropfen wie Perlen von ihm. Seine Gefährten lachten ihn herzhaft aus und erzählten hinfort so oft, wie tölpelhaft er damals ausgesehen hatte, daß er nur noch «der närrische Ssen» genannt wurde.

In derselben Stadt wohnte ein Großkaufmann, dessen Reichtum dem eines Fürsten glich und der mit den vornehmsten Familien verschwägert war. Er hatte eine Tochter von unvergleichlicher Schönheit, namens A-pao. Sie war noch unvermählt, und die jungen Leute von Rang wetteiferten miteinander, sie zur Frau zu gewinnen, aber keiner fand die Zustimmung des Vaters. Ssen hatte seine Braut durch den Tod verloren; jemand sagte ihm scherzend, er solle doch um A-pao werben. Ssen, der keine rechte Vorstellung von sich selber hatte, folgte dem Rat; aber der Vater, wiewohl er wußte, daß er ein bedeutender Gelehrter war, wies die Werbung seiner Armut wegen ab. Als die Heiratsvermittlerin das Haus verließ, begegnete sie A-pao und berichtete ihr auf ihre Frage den Grund des Besuches. «Sagen Sie ihm», rief A-pao lachend, «wenn er sich den sechsten Finger abschneidet, würde ich ihm angehören.» Die Alte erzählte dies Ssen, aber der sagte nur: «Das ist nicht allzu schwer.» Als sie fort war, nahm er ein Hackmesser und hieb den Finger ab. Der Schmerz drang ihm ins Mark und das Blut entströmte der Wunde in solcher Menge, daß er dem Tode nah war und es mehrere Tage währte, bis er sich erholte. Kaum konnte er gehen, suchte er die Vermittlerin auf, zeigte ihr seine Hand und ersuchte sie, es A-pao zu melden. Diese war sehr betroffen, ließ ihm aber durch die Alte sagen, er solle nun auch noch den Vorwurf der Narrheit von seinem Rufe abtrennen. Ssen war aufgebracht, als er dies erfuhr, und leugnete, närrisch zu sein; da er aber nicht daran denken konnte, das Mädchen aufzusuchen und es ihr zu beweisen, sagte er sich, ihre Schönheit würde denn doch nicht wie die der Himmlischen sein und sie gebärde sich allzu hochmütig, und so erkaltete sein Verlangen, sie zu gewinnen.

Als das Frühlingsfest kam, an dem Männer und Frauen zu lustwandeln pflegen und die jungen Leute den Mädchen folgen und Bemerkungen über sie machen, forderten Ssens Freunde ihn auf, mit ihnen zu kommen, und einer von ihnen fragte ihn lächelnd, ob er nicht nach einer passenden Gefährtin ausschauen wolle. Ssen wußte, daß sie sich über ihn lustig machten, aber er dachte, er würde doch gern das Mädchen sehen, das ihn so zum Narren gehalten hatte, und gesellte sich zu ihnen. Bald erblickten sie eine junge Dame, die unter einem Baume Rast hielt und von einer Schar von jungen Leuten umgeben war, und sie sagten schon aus der Ferne, das müsse A-pao sein. Sie gingen heran und sahen, daß sie es war. Ihrer Schönheit konnte keine andere verglichen werden. Der Kreis ihrer Bewunderer wuchs noch immer; endlich erhob sie sich um zu gehen. Unter den jungen Leuten entstand ein Durcheinander; einige priesen ihr Gesicht, andere ihre Füße, und alle waren wie toll. Nur Ssen schwieg und stand starr an einem Fleck. Als die Freunde zu ihm sprachen, gab er keine Antwort. Sie zogen ihn am Arm und riefen: «Ist dein Geist mit A-pao davongegangen?» Auch darauf erwiderte er nicht; aber sie machten sich keine Gedanken darüber, da sie seine sonderbaren Gewohnheiten kannten, und brachten ihn mit Zerren und Stoßen nach Haus. Da warf er sich aufs Bett und stand den Rest des Tages über nicht auf, sondern lag bewußtlos wie ein Betrunkener und erwachte nicht, wenn man ihn anrief.

Da seine Familie vermutete, daß sein Geist entflohen sei, gingen sie auf die Felder und riefen ihm zu, zurückzukehren, aber das Rufen hatte keinen Erfolg. Wenn sie ihn schüttelten und ihn fragten, was geschehen sei, antwortete er mit schläfriger Stimme: «Ich bin bei A-pao.» Auf weitere Fragen gab er keine Antwort und ließ die Seinen in einem Zustand der Bestürzung und des Zweifels zurück.

Es war aber so, daß Ssen, als das Mädchen aufgestanden war, um heimzukehren, es nicht ertragen konnte, von ihr zu scheiden. Plötzlich fühlte er, daß er ihr erst folgte, dann an ihrer Seite schritt, ohne daß jemand ihn deswegen angefahren hätte. So begleitete er sie in ihr Haus und war fortan unablässig bei ihr, im Sitzen und im Schlafen. In der Nacht legte er sich zu ihr und sie war sein eigen, und er genoß sein großes Glück. Doch geschah es zuweilen, daß er Hunger verspürte und nach Hause gehen wollte, aber er wußte den Weg nicht mehr.

Indessen träumte A-pao allnächtlich, sie liege bei einem Manne. Sie fragte nach seinem Namen, und er sagte ihr, er sei Ssen

Tse-tschu. Sie war erstaunt, aber sie konnte den andern nicht sagen, was ihr geschah.

Es waren nun schon drei Tage, daß Ssens Körper auf seinem Bette lag, und sein Atem wollte schwinden. Seine Familie sandte nun zu dem Großkaufmann und bat ihn, er möge gestatten, daß man in sein Haus komme, um Ssens Geist zurückzurufen. Der Kaufmann lachte und sagte: «Er pflegte doch nicht herzukommen, wie sollte er da seinen Geist hier gelassen haben?» Er gab jedoch den Bitten nach, und sogleich kam ein Zauberpriester in sein Haus, der eines von Ssens alten Kleidern sowie Strohmatten bei sich trug. Als A-pao erfuhr, mit welcher Absicht er gekommen war, war sie bewegt, führte ihn sogleich in ihr Zimmer und hieß ihn die Seele rufen. Er tat es und kehrte nach Ssens Hause zurück. In dem Augenblick, als er in die Tür trat, erwachte Ssen plötzlich mit einem Erschauern. Er dachte an A-pao und wußte alle Möbel und Geräte in ihrem Zimmer zu beschreiben.

Als man A-pao davon erzählte, mußte sie um der Tiefe seiner Liebe willen freundlich an ihn denken. Ssen aber, der sich nun bald

留友子
紛紛擾擾日尋仇
甘效延陵去國謀
待看秋風联捷報乃
翁軀淚料應收

erholte, saß fortan oft abgelöst da, als hätte er sich selber vergessen, und sann unaufhörlich darauf, A-pao wiederzusehen.

Einmal hörte er, daß sie beabsichtige, am achten Tage des vierten Monats, dem Tage des Buddha-Waschens, zur Anbetung in den Tempel von Schuiyüen zu gehen; er stand am frühen Morgen auf und erwartete sie an der Straße. Er war schon fast blind vor Anspannung der Augen und die Sonne hatte den Mittag überschritten, als die junge Dame ankam. Als sie von ihrem Wagen aus Ssen bemerkte, zog sie den Vorhang beiseite und sah ihn unverwandt an. Ssen trat erregt näher, worauf sie eine ihrer Dienerinnen zu ihm gehen und ihn nach seinem Namen fragen hieß. Ssen sagte ihn, indes seine Seele immer tiefer erschüttert wurde. Als der Wagen weiterfuhr, kehrte er nach Hause zurück. Wieder wurde er sehr krank und lag bewußtlos auf seinem Bett, ohne eine Speise zu sich zu nehmen. Immer wieder rief er A-pao beim Namen und klagte, daß sein Geist ihr nicht wie einstmals folgen könne.

Es begab sich aber, daß ein Papagei, der lange im Besitz der Familie gewesen war, starb. Ein Kind spielte mit seiner Leiche am Bette des Kranken. Ssen bedachte sich, wenn er ein Papagei wäre, brauchte er nur die Flügel zu schwingen, um zu A-pao zu kommen. Sobald er sich diesem Gedanken hingab, bewegte sich die Vogelleiche, der Papagei flog hinaus und flog geradenwegs in A-paos Zimmer. Sie freute sich darüber, nahm ihn in die Hand, fütterte ihn mit Hanfsamen und wollte ihm ein Kettchen um den Fuß binden. «Schwester», rief da der Vogel, «kette mich nicht an! Ich bin Ssen Tsetschu.» Bestürzt löste A-pao die Fessel, aber der Papagei flog nicht davon. «Ach!» sagte sie, «deine Liebe hat sich in mein Herz gegraben. Aber nun bist du nicht mehr ein Mensch, wie könnten wir da je vereinigt werden?» «Wenn ich», erwiderte der Papagei, «deinem duftenden Körper nah sein darf, ist all mein Wünschen erfüllt.» Er weigerte sich, aus einer andern Hand als der ihren Futter anzunehmen. Wenn sie sich setzte, sprang er auf ihre Knie, und wenn sie sich legte, schlief er an ihrer Seite. A-pao liebte ihn sehr. Nach drei Tagen sandte sie heimlich eine Botin mit der Frage, wie es

Herrn Ssen gehe. Sie brachte ihr die Nachricht, Ssen liege starr und des Geistes beraubt, aber seine Brust sei über dem Herzen noch nicht kalt geworden. Da rief sie: «Wenn du wieder Mensch werden kannst, werde ich lieber sterben als dir nicht folgen.» Der Papagei sagte: «Du scherzest nur», aber A-pao schwor es ihm zu. Er bog den Kopf zur Seite und dachte eine Weile nach. Indes zog A-pao ihre Schuhe aus und legte sie aufs Bett; der Papagei stürzte sich darauf, packte den einen und flog, ihn fest im Schnabel haltend, hinaus. Sie rief ihm nach, aber er war schon fern. Sie sandte nun eine Dienerin, um nach Herrn Ssens Ergehen zu fragen, und erfuhr von ihr, er sei im selben Augenblick zum Leben zurückgekehrt, als der Papagei mit einem gestickten Schuh ins Zimmer hereinflog und sodann tot zu Boden sank. Sobald er das Bewußtsein wiedererlangt hatte, hatte er nach dem Schuh gefragt, aber seine Familie hatte ihn nicht verstanden. In diesem Augenblick war die Dienerin eingetreten und hatte den Schuh verlangt. «Er ist mir von Fräulein A-pao als Pfand der Treue gegeben worden», hatte Ssen geantwortet, «sage ihr, daß ich ihr Versprechen nicht vergessen habe.» A-pao war darüber sehr erstaunt und ließ die Dienerin die ganze Begebenheit der Mutter berichten. Als diese einige Nachforschungen angestellt hatte, sagte sie: «Ssen ist als ein Mann von Gaben bekannt, aber er ist in äußerster Armut, und solch ein Schwiegersohn würde das Gelächter unserer vornehmen Freunde herausfordern.» A-pao erklärte jedoch, daß der Schuh ein Beweis gegen sie sei und daß sie keinen andern als Ssen heiraten werde. Endlich gaben sich ihre Eltern zufrieden. Dies wurde sogleich Ssen hinterbracht, der nun bald wieder hergestellt war.

A-paos Vater wollte, daß Ssen bei ihnen wohne, aber das Mädchen wandte ein: «Es ist nicht recht, wenn der Schwiegersohn lange im Hause des Schwiegervaters verweilt, und wenn er arm ist, erniedrigt er sich noch mehr dadurch. Ich habe Ssen angenommen und werde mit Freude in seinem dürftigen Hause leben und sein kärgliches Mahl ohne Klage teilen.»

Die Heirat wurde nun gefeiert, und die beiden begegneten einander, als hätten sie in einem früheren Leben einander angehört und träfen nun wieder zusammen.

A-paos Mitgift hob ihre Lage ein wenig und gewährte ihnen einiges Behagen, aber Ssen selbst hing nur seinen Büchern an und wußte nichts von Geschäften. Zum Glück war seine Frau wirtschaftlich veranlagt und brauchte ihn nicht mit den Angelegenheiten des Hauses zu behelligen. Nach drei Jahren waren sie recht wohlhabend. Da erkrankte Ssen plötzlich und starb. A-pao wollte sich nicht trösten lassen, schlief nicht, nahm keine Nahrung an und hörte auf keine Vorstellungen; in der Nacht erhängte sie sich. Ihre Dienerin hörte das Geräusch, lief hinein und schnitt sie noch rechtzeitig los; aber sie lehnte dauernd alle Speise ab. Drei Tage gingen so vorbei, und Ssens Freunde und Verwandte kamen, um dem Begräbnis beizuwohnen. Da hörte man es plötzlich im Sarge seufzen. Man öffnete ihn und sah, daß Ssen wieder aufgelebt war. Er erzählte ihnen nun, wie er vor dem Großen Richter gestanden hatte, der ihm zum Lohn für sein rechtschaffenes und ehrenhaftes Leben ein Amt in der Unterwelt übertrug.

«In diesem Augenblick», sagte Ssen, «meldete man, meine Frau würde auch bald kommen, aber der Richter stellte aus einem Verzeichnis fest, daß ihre Zeit noch nicht erfüllt sei. Sie sagten ihm, sie habe seit drei Tagen nicht gegessen. Da sah der Richter mich an und verkündete, zum Lohn für ihre Frauentugend werde mir gewährt, ins Leben zurückzukehren. Er befahl seinen Dienern, die Pferde zu rüsten und mich heimzubringen.»

DIE KRÄHEN

Yü-shung* wohnte in Hu-nan. Die Person, die mir seine Geschichte erzählte, erinnerte sich nicht, aus welcher Provinz und aus welchem Bezirk er gekommen war. Seine Familie war sehr arm. Als er einmal, nachdem er beim Examen durchgefallen war, auf dem Weg nach Hause war, hatte er gar kein Geld mehr und verspürte einen unerträglichen Hunger, schämte sich aber zu betteln. So ging er in den Tempel des Wu Wang**, um auszuruhen, und schüttete da all seinen Gram zu den Füßen des Gottes aus. Nach dem Gebet legte er sich in der äußeren Halle nieder. Plötzlich faßte ihn ein Mann am Arm, brachte ihn vor das Antlitz Wu

* sh wie das französische j zu lesen.

** Wu Wang heißt der Schutzgott der Krähen.

Wangs und sagte knieend: «Unter den Schwarzröcken ist ein Platz frei geworden. Man könnte diesen Mann dafür verwenden.» Der König stimmte zu, und Yü erhielt ein schwarzes Gewand; als er es angetan hatte, war er in eine Krähe verwandelt und flog hinaus. Draußen sah er eine Schar von Mitkrähen versammelt und gesellte sich zu ihnen. Mit ihnen ließ er sich nun auf den Masten der Schiffe nieder und schnappte gleich ihnen die Fleisch- und Kuchenbrocken auf, die die Reisenden und Matrosen ihnen zuwarfen. Nach einer Weile war er nicht mehr hungrig. Er erhob sich in die Luft und landete endlich im Wipfel eines Baumes, wo er mit Zufriedenheit seine geänderte Lage überdachte.

So vergingen zwei oder drei Tage. Den König dauerte Yüs Einsamkeit, und er versah ihn mit einem Weibchen, das Tschutsching hieß. Sie liebten einander, und Tschutsching warnte ihn oft, sich auf der Nahrungssuche keinen Gefahren auszusetzen. Er achtete jedoch nicht auf ihre Worte, und eines Tages schoß ihm ein Soldat einen Pfeil durch die Brust. Zum Glück entführte ihn

Tschu-tsching in ihrem Schnabel, so daß er nicht gefangengenommen wurde. Die andern Krähen waren über die Tat des Soldaten so aufgebracht, daß sie mit ihren Flügeln das Wasser zu großen Wogen aufpeitschten und manches Boot zum Kentern brachten. Tschu-tsching versorgte ihren Gatten mit Speise, aber seine Verwundung war schwer. Am Ende des Tages war er tot — und in demselben Augenblick fand er sich im Tempel liegend. Es war ihm, als erwache er aus einem Traum.

Die Bewohner des Ortes hatten Yü in einem todähnlichen Zustand gefunden. Da sie aber nicht wußten, was ihm zugestoßen sein mochte, und sahen, daß sein Körper nicht völlig erkaltet war, hatten sie jemanden hingesetzt, ihn zu bewachen. Sie erfuhren nun, was sich ereignet hatte, veranstalteten sogleich eine Sammlung für ihn und sandten ihn nach Haus.

Drei Jahre danach kam er wieder, zum Examen reisend, an derselben Stelle vorbei und trat in den Tempel, um die Anbetung zu verrichten. Auch machte er eine Menge Futter zurecht und lud die Krähen ein, zu kommen und zu essen. Dann betete er in seinem Herzen und sagte: «Wenn Tschu-tsching unter euch ist, laßt sie bleiben.» Als die Krähen das Futter verzehrt hatten, flogen sie alle davon, und Yü setzte seine Reise fort. Diesmal gelang es ihm, den Kü-jen-Grad zu erwerben. Auf der Heimfahrt besuchte er wieder Wu Wangs Tempel und opferte ein Schaf zum Mahl für die Krähen; und wieder betete er wie beim vorigen Aufenthalt. Die folgende Nacht brachte er am Ufer des Sees zu. Als die Kerzen entzündet waren und er sich niedergelassen hatte, war plötzlich ein Rauschen wie von Vogelschwingen, und da stand ein schönes, etwa zwanzigjähriges Mädchen vor ihm. «Ist es dir wohl ergangen, seit wir getrennt sind?» fragte sie. Yü rief bestürzt: «Wer bist du?» «Entsinnst du dich Tschu-tschings nicht mehr?» sagte das Mädchen. Yü freute sich ihrer sehr und fragte, woher sie komme. «Ich bin jetzt», antwortete Tschu-tsching, «eine Göttin des Han-Flusses und komme selten in meine alte Heimat. Aber die schwarzen Boten haben mir zweimal Kunde von deiner Liebe gebracht, und so bin ich gekommen, um dich noch einmal zu sehen.» Sie saßen nun beisammen und unterhielten sich wie Mann und Frau, die nach einer langen Trennung wieder vereinigt sind. Yü bat sie, mit ihm nach dem Süden zu kommen, aber Tschu-tsching sagte, sie müsse gen Westen, und sie konnten zu keinem Einvernehmen über diesen Gegenstand gelangen.

Als Yü erwachte, sah er, daß Tschu-tsching schon aufgestanden war, und als er sich umsah, merkte er, daß er nicht mehr in seinem Boot, sondern in einem stattlichen Zimmer lag, in dem zwei hohe Kerzen mit heller Flamme brannten. Erstaunt fragte er, wo er sei. «In Han-yang», antwortete Tschu-tsching. «Mein Haus ist das deine, wozu brauchst du nach Süden zu ziehen?» Als es Tag wurde, kamen Dienerinnen mit Wein, den sie vor das Bett stellten, und Mann und Frau setzten sich zueinander und tranken einander zu. «Wo sind meine Diener?» fragte Yü. Als er hörte, sie seien noch auf dem Boot, sagte er, er befürchte, die Schiffsleute würden nicht warten mögen. «Bekümmere dich nicht darum», erwiderte Tschu-tsching, «ich habe Geld genug und werde dir helfen, die Sache zu ordnen.» So blieb Yü im Hause, vergnügte sich mit ihr und vergaß die Heimkehr.

Als die Bootsleute erwachten und sich in Han-yang fanden, waren sie sehr erstaunt, und da sie sahen, daß die Diener keine Spur ihres verschwundenen Herrn finden konnten, wollten sie aufbrechen, um ihren Geschäften nachzugehen. Aber sie vermochten das Ankertau nicht zu lösen, wie sehr sie sich auch abmühten, und mußten mehr als zwei Monate in Han-yang bleiben.

Am Ende dieser Zeit fiel es Yü ein, er müsse heimkehren, und er sagte zu Tschutsching: «Wenn ich länger hier verweile, werden meine Familienbande völlig zerrissen werden. Überdies wäre es, da wir ja Mann und Frau sind, nur billig, daß du meinem Hause einen Besuch abstattest.» «Das kann ich nicht tun», antwortete Tschutsching, «und selbst wenn ich mit dir gehen könnte, so hast du doch bereits ein Eheweib, und wo würdest du da mich hintun? Es ist besser für mich, ich bleibe, wo ich bin, und du wirst hier eine zweite Familie haben.» Yü sagte, sie würden so fern von-

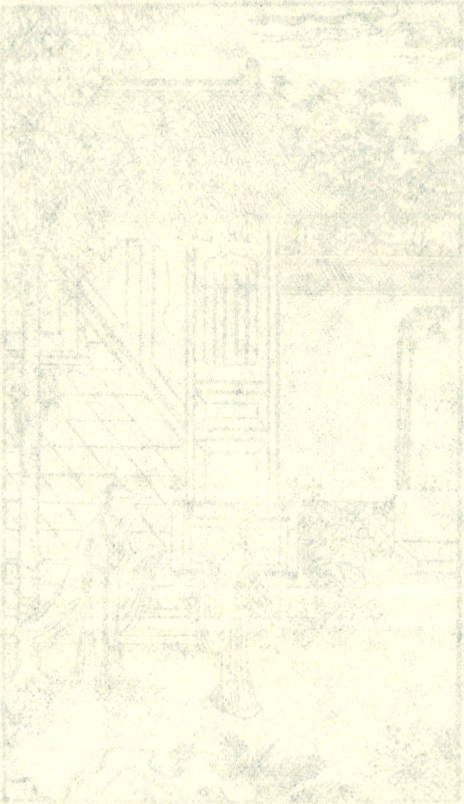

einander wohnen, daß er nur selten würde kommen können. Da holte Tschu-tsching ein schwarzes Gewand heraus und sprach: «Hier ist dein altes Kleid. Wann immer du mich sehen willst, tu es an und komm. Nach deiner Ankunft werde ich es dir wieder ausziehn.» Sie bereitete nun ein Abschiedsfest für Yü, bei dem er sehr berauscht wurde. Als er erwachte, war er wieder an Bord seines Schiffes und an dem alten Ankerplatz auf dem See. Die Bootsleute und die Diener waren alle da und sahen einander in höchster Verwunderung an. Als sie Yü fragten, wo er gewesen sei, wußte er kaum, was er sagen sollte. Neben seinem Kissen entdeckte er ein Bündel mit einigen neuen Kleidern, Schuhen und Strümpfen, die Tschu-tsching ihm gegeben hatte; und bei ihnen lag das schwarze Gewand. Auch einen gestickten Gürtel fand er dabei, der mit Gold gefüllt war. Er machte sich nun auf den Weg nach Süden. Am Ziel seiner Reise angelangt, entließ er die Bootsleute mit einem ansehnlichen Geschenk.

Als er mehrere Monate zu Hause gewesen war, kehrten seine Gedanken immer inbrünstiger nach Han-yang zurück. Endlich zog er das schwarze Gewand hervor und tat es an. Sogleich wuchsen ihm Flügel aus den Rippen, und mit einem Schlag war er in der Luft. Nach vier Stunden kam er in Han-yang an. Umherschweifend erspähte er eine einsame kleine Insel, auf der ein Haus stand, und flog hin, um sich auf ihr niederzulassen. Eine Magd hatte sein Kommen bemerkt und rief: «Der Herr ist da!» Im Nu kam Tschu-tsching heraus und befahl der Dienerschaft, Yü das Federkleid abzunehmen. In kurzer Zeit hatten sie ihn freigemacht, und Hand in Hand gingen er und Tschu-tsching ins Haus. «Du kommst in einem glücklichen Augenblick», sagte sie, «ich werde bald ein Kind gebären.» Er fragte scherzend: «Wie Vögel oder wie Säugetiere ihre Jungen zur Welt bringen?» Sie antwortete: «Jetzt bin ich eine Göttin, und mein Körper ist verwandelt.» Nach einigen Tagen gebar sie ein lebendiges Kind, aber die Umhüllung war fest wie eine Eierschale, und man mußte sie zerschlagen. Das Kind war ein Knabe. Man gab ihm den Namen Han-tschan, das ist «der am Han-Strom Geborene». Nach drei

Tagen kamen alle Flußgöttinnen mit Glückwünschen und schönen Geschenken. Sie waren eine bezaubernde Schar, keine älter als dreißig Jahre. Sie kamen in das Schlafzimmer, traten ans Bett, und eine nach der andern drückte den Daumen auf die Nase des Kindes und rief: «Langes Leben!» Yü fragte, wer sie seien. Tschu-tsching berichtete ihm: «Sie sind alle von meiner Art. Und die zwei letzten, die in blasses Lila gekleideten, sind die Göttinnen, die in Hankau ihre Gürtel verschenkten.»*

Nach einigen Monaten sandte Tschu-tsching ihren Gatten auf einem Boot in sein Haus zurück. Das Boot hatte weder Segel noch Ruder und flog von selber dahin. Am Ziele der Flußreise warteten Männer mit Pferden auf ihn und brachten ihn heim. Seither besuchte er Tschu-tsching, so oft er konnte. Mit der Zeit wuchs Han tschan zu einem schönen Knaben heran, den sein Vater als seinen köstlichsten Schatz liebte. Yüs Eheweib, Frau Ho**, klagte oftmals dar-

* Nach einer Sage begegnete ein junger Mann in Hankau zwei Mädchen, die Gürtel mit Perlen wie Hühnereier trugen. Er erbat die Gürtel und erhielt sie auch, aber im nächsten Augenblick verschwanden sie und mit ihnen die Mädchen

** Ho ist der Mädchenname der Frau.

über, daß sie keine Kinder hatte, und sehnte sich, Han-tschan zu sehen. Yü teilte dies Tschu-tsching mit, worauf sie den Knaben in eine Schachtel packte und dem Vater mit auf die Reise gab, unter der Bedingung, daß er nach drei Monaten zurückkehren sollte. Frau Ho gewann aber das Kind so lieb, als wäre es ihr eigenes, und zehn Monate vergingen, ohne daß sie den Gedanken fassen konnte, sich von ihm zu trennen. Aber eines Tags verfiel Han-tschan einer heftigen Krankheit und starb. Frau Ho verzehrte sich im Gram und wollte ihm nachsterben. Yü machte sich nach Han-yang auf, um Tschu-tsching die Kunde zu bringen. Als er aber ins Haus kam, da lag Han-tschan ohne Schuhe und Strümpfe auf dem Bette. Von Glück überwältigt, schwieg er eine Weile; dann fragte er Tschu-tsching, was dies bedeute. «Ei», sagte sie, «die Zeit, die wir vereinbart hatten, war längst verstrichen, und da ich meinen Jungen wiederhaben wollte, sandte ich um ihn.» Yü erzählte ihr, wie sehr Frau Ho an Han-tschan hänge, aber Tschu-tsching sagte, sie müsse warten, bis ein zweites Kind käme; dann sollte sie ihn haben. Später gebar Tschutsching Zwillinge, einen Knaben, der Hansheng, das ist «der am Han-Strom Gezeugte», und ein Mädchen, das Yü-peï, das ist «das Kleinod», genannt wurde; und Yü nahm Han-tschan in sein Haus. Da er es aber beschwerlich fand, drei oder viermal im Jahr die Reise zu machen, übersiedelte er mit seiner Familie nach der Stadt Hanyang.

Han-tschan erwarb mit zwölf Jahren den Hsiau-tsai-Grad. Seine Mutter sah kein Mädchen unter den Sterblichen als gut genug für ihren Sohn an, ließ ihn daher nach Hause kommen und gab ihm die Tochter einer Göttin, Tschih-niang mit Namen, zur Frau.

Als Frau Ho starb, kamen die drei Kinder, um sie zu trauern. Nach dem Begräbnis blieb Han-tschan in Hu-nan, die beiden andern aber gingen mit Yü zu ihrer Mutter und kamen nicht mehr zurück.

DIE BLUMENFRAUEN

Im unteren Tempelhof auf dem Berge Lao haben die Kamelien eine Höhe von zwanzig Fuß und einen Umfang von zehn und mehr Spannen. Die Päonien sind mehr als zehn Fuß hoch. In der Zeit der Blüte ist der Garten wie ein herrliches Gewebe.

Bei diesem Orte hatte Herr Huang aus Tschiao-tschou sich ein Haus erbaut, um hier seinen Studien nachzugehen. Eines Tags sah er von seinem Fenster aus ein junges Mädchen, in Weiß gekleidet, das inmitten der Blumen umherwandelte. Erst bedachte er sich, auf welche Weise wohl eine Frau Eingang in den Klosterbezirk gefunden haben konnte, dann ging er hinaus, um ihr zu begegnen, aber sie war schon verschwunden.

Seither sah er sie mehrfach in der gleichen Weise wieder, und endlich verbarg er sich in einem dichten Gebüsch und erwartete ihr Kommen. Diesmal brachte sie ein anderes rotgekleidetes Mädchen mit sich. Wiewohl in einiger Entfernung, konnte er beider unvergleichliche Schönheit wahrnehmen. Als sie näher kamen, rief das Mädchen in Rot: «Da ist jemand!» Huang sprang auf die Mädchen zu, aber sie liefen erschreckt davon, Röcke und Ärmel flatterten im Winde, und die Luft um sie empfing ihren süßen Duft. Huang verfolgte sie bis zu einer niedrigen Mauer, an der sie plötzlich seinen Augen entschwanden. Betrübt darüber, die lieblichen Geschöpfe so verloren zu haben, nahm er einen Pinsel und schrieb auf einen Baumstamm diese Verse:

«Meines Herzens Regung ist schrankenlos, mein Blick ist gefesselt.
Mir drohen fremde Gewalten, entraffend und unbezwingbar.»

Er kehrte nach Hause zurück, in tiefes Sinnen versunken. Da trat das Mädchen

封三娘
梅被情絲一縷
牽團欽嬌盼
太纏綿豈知色
戒無端破不讓
居然第一天

plötzlich zur Tür herein. Überrascht und entzückt ging er ihr entgegen. «Ich dachte, Sie seien ein Räuber», sagte sie lächelnd. «Sie haben uns sehr erschreckt. Ich wußte nicht, daß Sie ein Dichter und ein Verliebter sind, und fürchte nun nicht mehr, Ihre Bekanntschaft zu machen.» Huang fragte sie nach Namen und Herkunft, worauf sie antwortete: «Ich heiße Hsiang-yü, meine Heimat ist Ping-kang-hsiang. Ein Zauberpriester hat es über mich verhängt, gegen meinen Willen auf diesem Hügel zu bleiben.» «Sagen Sie mir seinen Namen», rief Huang, «und ich werde Sie bald befreien.» «Dessen bedarf es nicht», antwortete das Mädchen. «Er wagt nicht, mir etwas Schlimmes anzutun, und er gibt mir Gelegenheit, so gefühlvolle Herren wie Sie kennen zu lernen.» Huang fragte nun, wer das Mädchen in Rot sei, und sie sagte ihm, deren Name sei Tschiang-hsüeh und sie seien Wahlschwestern.

Auf die Bitten Huangs blieb sie bei ihm. Am nächsten Tag erwachte sie, als die Sonne schon hoch am Himmel stand. Sie erhob sich eilig und sagte zu ihm, das Glück habe sie die Zeit vergessen lassen. Während sie sich ankleidete, redete sie weiter: «Nun will ich, ehe ich gehe, dir ein Lied singen, aber bitte, lache mich nicht aus.» Und sie sang:

«Die Sonne kommt. Wie schnell enteilt
die selige Stunde!
Oh, wären wir doch zwei Schwalben, die
nie einander verlassen!»

Huang ergriff ihre Hand und sprach: «Solche Geisteskraft, von solcher Schönheit umschlossen, zwingt einen Mann, dich zu lieben und bei dir den Tod selber zu vergessen! Ein Tag ohne dich wird sein, als wären wir durch tausend Meilen getrennt. Ich bitte dich, komm oft wieder, und auch bei Tage.»

Von dieser Zeit an kam das Mädchen oft bei Tag und in der Nacht zu ihm. Huang bat sie mehrmals, ihre Freundin mitzubringen, aber sie tat es nicht. Als er sich darüber beklagte, sagte sie: «Schwester Tschianghsüeh liebt die Einsamkeit und ist nicht so liebedurstig wie ich. Man muß sie allmählich überreden und darf ihr nicht zu hastig begegnen.»

An einem Abend kam Hsiang-yü in schwermütiger Haltung und sprach zu Huang: «Du verlangst nach neuem Besitz und kannst den alten nicht wahren. Denn jetzt müssen wir voneinander scheiden.» Huang fragte: «Warum sagst du das?» Sie trocknete mit dem Ärmel ihre Tränen und antwortete: «Es ist Bestimmung, die ich nicht mitteilen kann. Deine Voraussage hat sich erfüllt, und wohl kann nun von mir gesungen werden:

«Mir drohen fremde Gewalten, entraffend
und unbezwingbar.»

Wieder versuchte Huang, eine Deutung zu erlangen, aber sie weinte nur. Die ganze Nacht über schliefen sie nicht. Als der Morgen kam, ging sie.

Dies schien Huang recht seltsam. Aber untertags kam ein Besucher in den Tempelhof. Nachdem er den Garten durchwandert hatte, blieb er entzückt vor einer weißen Päonie stehen; dann grub er sie aus und nahm sie mit sich.

Huang erkannte nun, daß Hsiang-yü eine Blumenfrau war, und trauerte über das Geschehene. Nach einiger Zeit erfuhr er, daß der Besucher die Päonie in sein Haus gebracht hatte, wo sie bald danach verwelkt war. Da weinte er bitterlich und verfaßte eine Elegie in fünfzig Strophen, betitelt: «Beweinet die Blume!» Hinfort ging er täglich an den Ort, an dem die Päonie gestanden hatte, und netzte den Boden mit seinen Tränen.

Als er eines Tages wieder dahin ging, um zu klagen, erblickte er das Mädchen in Rot, das weinend herankam, und wandte sich ihr zu. Sie lief nicht fort; Huang erfaßte ihren Ärmel, und sie sahen einander traurig an. Sodann lud er sie in sein Haus ein, und sie ging mit ihm. Sie seufzte und sprach: «Ach, daß die Schwester meiner frühen Jahre so plötzlich von mir genommen wurde! Da ich Sie klagen hörte, bin ich selbst zum Weinen bewegt worden. Unsere Tränen sind tief in den Grund gesunken, vielleicht werden sie die Verlorene zurückrufen, aber der Geist der Toten ist für immer abgelöst, und wird sie je wieder mit uns lachen und reden?»

«Unheil ist mein Los», sagte Huang, «daß ich denen Schaden bringe, die ich liebe. Das Glück ist mir nicht gewährt, zwei solche Schönheiten zu besitzen. Aber sagen Sie mir, da ich durch Hsiang-yü so oft Botschaft zu Ihnen sandte, warum sind Sie nicht gekommen?» «Ich wußte», antwortete sie, «daß neun junge Leute auf zehn falsch sind, aber ich wußte nicht, wie grundtreu Sie sind. Wir wollen Freundschaft halten. Tag und Nacht liebkost zu werden, könnte ich freilich nicht ertragen.» Als sie Abschied nahm, sagte Huang: «Ich kann nicht essen und schlafen, weil ich von Hsiang-yü getrennt bin; nur wenn Sie bei mir sind, finde ich Trost.» Da blieb sie den Abend über bei ihm. Danach aber ließ sie sich einige Tage lang nicht sehen. Huang war in großer Schwermut und dachte an Hsiang-yü. Unruhvoll lag er auf dem Bette und feuchtete das Kissen mit seinen Tränen. Eines Nachts stand er auf, kleidete sich an und machte die Lampe zurecht, holte Pinsel und Tusche und schrieb diese Verse:

«Die Regentropfen fallen in der Nacht.
Am Fenster sitzend fühle ich meine Einsamkeit.
Oh, um die Geliebte, die ferne. Meine Tränen fallen in der Nacht.»

Er las sie laut; als er zu Ende war, hörte er vor dem Fenster eine Stimme: «Sie brauchen einen, der Ihre Verse zu Ende dichtet!» Aufhorchend erkannte er, daß es Tschiang-hsüeh war, und öffnete ihr die Tür. Sie sah seine Strophe an und fügte dazu:

«Wo ist die Freundin, deren Hand der meinen vermählt ist? Einsam leuchtet die Lampe.
Einsam wacht der Verlassne, seinen Schatten allein zum Gefährten.»

Huang las die Verse weinend, und zu Tschiang-hsüeh gewandt, warf er ihr vor, daß sie ihn einige Tage lang nicht besucht habe. «Ich kann nicht so oft wie Hsiang-yü kommen», antwortete sie, «doch will ich Ihnen gern zuweilen Ihre Einsamkeit lindern.» Huang wollte sie an sich ziehen, sie aber sagte: «Muß die Freude des Beieinanderseins immer dieses meinen?»

Danach kam sie von einer Zeit zur andern. Sie tranken Wein und verfaßten Verse. Aber sie ging, wenn es Nacht wurde, und er mußte sie freigeben. Einmal sagte er: «Hsiang-yü ist mein geliebtes Weib, Tschiang-hsüeh meine geliebte Freundin.»

So oft sie kam, versuchte er zu entdecken, welche Pflanze im Garten sie sei, damit er sie nach Hause nehmen und vor dem Schicksal der Schwester bewahren könnte. «Die alte Erde soll nicht aufgestört werden», sagte sie, «und es würde nicht frommen, es Ihnen mitzuteilen. Wenn Sie Ihr Weib nicht behalten konnten, wie dürften Sie eine Freundin behalten?» Huang beachtete dies jedoch nicht, nahm ihren Arm und führte sie in den Garten hinaus, wo er an jeder Päonie stehen blieb und fragte, ob sie diese sei; aber Tschiang-hsüeh antwortete nicht, sondern legte nur die Hand an den Mund und lachte.

Zur Jahreswende mußte Huang in seine Heimat fahren. Etliche Wochen danach träumte er, daß Tschiang-hsüeh ihm erschien und traurig sagte, sie sei in großer Gefahr;

würde er sogleich kommen, könnte er sie noch wiedersehen, sonst würde er sie für immer verlieren. Als er erwachte, schien ihm der Traum von seltsamer Art zu sein. Er befahl einem Diener, die Pferde zu rüsten, und begab sich sogleich nach dem Tempelberg. Da fand er, daß die Priester dabei waren, einen neuen Flügel anzubauen, und daß der Baumeister, dem eine Kamelie im Wege stand, sie niederzuhauen befohlen hatte. Nun verstand Huang seinen Traum und erwirkte, daß der Vernichtung der Pflanze vorgebeugt wurde.

In der Nacht kam Tschiang-hsüeh ihm zu danken. Huang lachte und sagte: «Es geschieht Ihnen recht, weil Sie mir nicht sagen wollten, welche Sie sind. Nun kenne ich Sie, und wenn Sie mich nicht besuchen wollen, werde ich einen Feuerbrand nehmen und es Ihnen heiß machen.» «Das ist es eben, weshalb ich es Ihnen nicht verraten wollte», antwortete sie. «Die Gegenwart meiner geliebten Freundin», sagte Huang nach einer Weile, «macht mich mehr als je an mein schönes Weib denken. Es ist lange her, daß ich zum letztenmal um sie geklagt habe. Wollen wir gehen und zusammen um sie trauern?» So gingen sie und vergossen viele Tränen an dem Orte, wo Hsiang-yü gestanden hatte, bis um die erste Nachtwache Tschiang-hsüeh ihre Augen trocknete und sagte, es sei nun Zeit zurückzukehren.

Einige Abende später saß Huang traurig allein, als plötzlich Tschiang-hsüeh mit strahlendem Gesicht eintrat. «Gute Botschaft bringe ich!» rief sie. «Der Blumengott, gerührt durch Ihre Liebe, hat Hsiang-yü gestattet, ins Leben zurückzukehren.» Huang war glückselig und fragte, wann sie kommen würde, worauf Tschiang-hsüeh antwortete, sie wisse es nicht genau, aber es würde nicht lange mehr dauern. «Ich bin Ihretwegen hierhergekommen», sagte Huang, «lassen Sie mich nun nicht länger einsam leiden.» «Ja», sagte sie lächelnd und ging. An den nächsten zwei Abenden kam sie nicht. Da ging Huang in den Garten, legte seinen Arm um die Pflanze, schüttelte sie und rief ihren Namen, aber da war keine Stimme zu hören. Er ging nun zurück und begann eine Fackel zu schwingen. Da kam sie sogleich, riß ihm die Fackel aus der Hand, warf sie zu Boden und sagte: «Sie treiben schlimmen Scherz und tun mir weh. Ich will mich von Ihnen lossagen.» Huang lachte, umarmte sie und zog sie ins Haus.

Sie hatten eine Weile beieinander gesessen, da trat plötzlich Hsiang-yü selber leise an sie heran. Huang stand auf und erfaßte, weinend, ihre Hand; sie reichte Tschiang-hsüeh die andere, und sie sahen einander unter Tränen an. Dann setzten sie sich und sprachen von der Trübsal der Trennung. Indessen nahm Huang wahr, daß Hsiang-yü unkörperlich war und daß, wenn er ihre Hand hielt, seine Finger sich um sich selbst zu schließen schienen, anders als in vergangenen Tagen. Hsiang-yü erklärte das, indem sie sagte: «Als ich die Göttin der Blume war, hatte ich einen Körper, aber jetzt bin ich nur der entkörperte Geist der Blume. Halte mich nicht für eine Wirklichkeit, sondern vielmehr für eine Erscheinung, wie sie im Traume geschaut wird.» «Du bist aber zur rechten Zeit gekommen», sagte Tschiang-hsüeh, «dein Gatte begann mir eben lästig zu werden.» Dann nahm sie Abschied.

Hsiang-yü war so lieblich wie einst, aber ihre Bewegungen waren unbestimmt wie die eines Schattens. Huang war darüber sehr betrübt. Sie teilte seine Traurigkeit und lehrte ihn ein wenig Bleiweiß mit Schwefel zu mischen und der Blume davon einen Trank darzubringen. Dann sagte sie: «Von heute über ein Jahr werde ich deine Güte vergelten!» und ging.

Am nächsten Tag kam Huang in den Garten und bemerkte die Triebe einer jungen Päonie an dem Ort, an dem einst Hsiang-yü gestanden hatte. So brachte er den Trank dar, wie sie es ihm geboten hatte, und hegte seither sorgsam die Pflanze, um die er einen schützenden Zaun errichten ließ. Hsiang-yü kam, ihm dafür zu danken, und er schlug ihr vor, die Pflanze solle in sein Haus gebracht werden. Aber sie wollte dem nicht zustimmen, «denn», so sagte sie, «ich bin nicht sehr kräftig und könnte der Verpflanzung nicht standhalten. Überdies haben alle Dinge ihren angewiesenen Ort, und da ich nicht von Anbeginn für dein Haus bestimmt war, könnte es mein Leben verkürzen, hingebracht zu werden. Wir können einander auch so lieben.» Huang fragte nun, warum Tschiang-hsüeh nicht käme. Hsiang-yü antwortete: «Man müßte sie dazu zwingen. Ich will es tun.» Sie ging mit ihm in den Garten, nahm einen Grashalm, maß an Tschiang-hsüehs Pflanze von den Wurzeln aufwärts vier Fuß und sechs Zoll ab und befahl Huang, diese Stelle mit seinen Nägeln zu reizen. In diesem Augenblick kam Tschiang-hsüeh hinter der Pflanze hervor und rief in scherzhaftem Zorn: «Wie kannst du dem Bösen bei Bösem beistehen?» Sie gingen umschlungen ins Haus und Hsiang-yü sagte: «Zürne mir nicht, Schwester, hilf mir nur ein Jahr lang ihn unterhalten, danach sollst du nicht weiter belästigt werden.»

So lebten sie fortan. Huang hütete das Gedeihen der Pflanze; sie wuchs von Tag zu Tag, bis sie im Frühling zwei Fuß hoch war. Er fuhr nun in seine Heimat, nachdem er den Priestern ein ansehnliches Geschenk gegeben und ihnen sorgfältige Pflege aufgetragen hatte.

Im vierten Monat des nächsten Jahres kehrte er zurück und fand an der Pflanze eine Knospe, die eben bereit war, aufzubrechen. Als er sie umschritt, schüttelte sich der Stiel so heftig, als wolle er zerspringen, und plötzlich öffnete sich die Knospe zu einer tellerbreiten Blüte, in der auf einem der Staubfäden ein schönes, winziges Weiblein saß. Kaum konnte er einmal mit den Augen blinzeln, da war es schon hervorgesprungen, und siehe, es war Hsiang-yü. «In Wind und Regen habe ich auf dich gewartet», rief sie. «Warum bist du so spät gekommen?» Sie gingen nun ins Haus, wo Tschiang-hsüeh schon wartete, die zu ihnen sagte: «Ich habe täglich für eine andere Gattin spielen müssen. Jetzt kann ich glücklicherweise wieder zurücktreten und nur noch Freundin sein.» Nun saßen sie und vergnügten sich wie einst bis zur Mitternacht. Dann ging Tschiang-hsüeh.

Nach einem Jahr starb Huangs Ehefrau, und er nahm seinen dauernden Wohnsitz auf dem Berge Lao. Die Päonien waren zu der Zeit so dick wie ein Menschenarm. So oft Huang sie ansah, sagte er stets: «Einst wird mein Geist an eurer Seite sein», worauf die beiden Mädchen gewöhnlich lachten und sagten: «Vergiß es nur nicht!»

Zehn Jahre nach diesen Ereignissen fiel Huang in eine gefährliche Krankheit, und sein Sohn, der zu ihm gekommen war, litt große Pein um ihn. «Ich soll ja nicht sterben», rief der Vater, «ich soll ja geboren werden. Warum weinst du?» Er sagte sodann zu dem Priester des Tempels: «Ein roter fünfblättriger Schößling wird an der Seite der Päonie hervorwachsen. Das werde ich sein.» Dies war alles, was er sprach. Sein Sohn brachte ihn in die Heimat, wo er sogleich nach der Ankunft verschied.

Im nächsten Jahr wuchs ein Schößling, wie er ihn beschrieben hatte, aus dem Boden. Die Priester waren von der Übereinstimmung betroffen und versahen ihn mit Wasser und Erde. Nach drei Jahren war er eine mehrere Fuß hohe Pflanze, maß eine gute Spanne im Umfang, hatte aber keine Blüte.

Als der alte Priester starb, bekümmerten sich seine Nachfolger nicht um das Gewächs, und da es nicht blühte, hieben sie es ab. Die weiße Päonie welkte nun und starb, und bald war auch die Kamelie tot.

DER NÄRRISCHE STUDENT

einem hohen Beamten, Schih-Tao mit Namen, zu schenken, damit dieser, der ein frommer Buddhist war, ihn als Ständer für ein Buddhabild gebrauche. Schih-Tao erwiderte das Geschenk erfreut durch eine Gabe von hundert Taels in Gold. Lang war glücklich und wähnte die Verse vom «goldenen Haus» nun doch erfüllt. Er zählte jetzt schon dreißig Jahre, und man riet ihm, sich zu vermählen. Er aber sprach: «Wie soll ich besorgt sein, ein schönes Weib zu finden? Im Buche selber ist mir das ‚Edelstein-Gesicht' verborgen». Zwei weitere Jahre brachte er lesend hin, und es kam zu keiner Erfüllung. So wurde er zum Gespött der Leute. Zu jener Zeit ging unter den Menschen ein Gerücht um, das Sternbild der Weberin* sei von seinem Platz am Firmament entschwunden. Ein Spaßvogel neckte Lang, indem er sagte: «Gewiß ist die himmlische Weberin deinetwegen entflohen!» Lang beachtete den Scherz nicht.

Eines Abends las er den achten Band des Buches Han. Als er ihn etwa zur Hälfte ge-

* Die Weberin: eine in einen Stern verwandelte Fee. Vgl. die Anmerkung zu «Das Land im Meer».

In der Stadt Peng lebte ein Mann namens Lang Yü-tschu, dessen Vater Präfekt gewesen war. Da dieser bei seinen Lebzeiten als ein unbestechlicher Beamter seine Pflichten erfüllt hatte, konnte er dem Sohne außer einer Sammlung von Büchern nichts an Geldeswert zurücklassen. Lang Yü-tschu stand im Ruf, ein närrischer Mensch zu sein. Seine große Armut zwang ihn, alles, was in seinem Besitze war, zu verkaufen. Doch vermochte er es nicht, sich auch nur von einem einzigen der ererbten Bücher zu trennen. Sein Vater hatte vor Jahren eine Abhandlung abgeschrieben, die «Aufforderung zum Lernen» betitelt war. Diese war Lang Yü-tschu besonders wert. Er klebte sie zu Seiten seines Sitzes fest und las täglich mit lauter Stimme die Verse:

unbeirrt weiterlesen. So ging der vernachlässigte Besucher bald davon.

Eines Tags wurde Lang, als er las, das Buch von einem starken Winde weggeweht. Nachlaufend, um es zu erhaschen, geriet er mit dem Fuße in ein Erdloch, das er nicht gewahrt hatte, weil es mit verfaultem Gras bedeckt war. Er untersuchte die Höhlung, grub und fand am Grunde einen Krug voll Reis, den vorzeiten Menschen hier verborgen hatten. Obgleich der Reis vermodert und ungenießbar war, vertraute Lang Yütschu doch unentwegt der Wahrheit der Worte, die von den «tausend Schüsseln» reden, und las immer eifriger.

Ein andermal stieg er auf das Bücherbrett und fand dort, unter Büchern verborgen, einen fußgroßen, goldenen Wagen. Erfreut meinte er, dies sei wieder eine Erfüllung der Verse. Allein es erwies sich, als er den Wagen anderen Leuten zur Untersuchung vorzeigte, daß er nur vergoldet war. Lang war nun sehr verstimmt darüber, daß die Weisheit der Bücher ihn so betrogen habe. Indes riet ihm bald darauf jemand, den Wagen einem Kollegen seines verstorbenen Vaters,

Was brauchst du Felder anzukaufen?
Im Buch sind tausend Schüsseln Reis.
Was magst du dir Paläste bauen?
Im Buch harrt dein ein goldnes Haus.
Bist um den Aufzug du bekümmert?
Im Buch sind Wagen, prachtgeschirrt.
Vermittler solln die Braut dir suchen?
Im Buch schläft Edelstein-Gesicht.
Willst du das höchste Ziel erreichen,
Tauch nieder auf der Bücher Grund.

Er hüllte das Buch, um es zu schonen, sorglich in weiße Gaze ein. Seine Absicht war aber keineswegs, durch sein Studium Reichtum und Ehre zu erreichen, vielmehr glaubte er in den Büchern wahrhaftig goldene Reiskörner zu finden. So las er fleißig Tag und Nacht, bei Kälte und bei Hitze, ohne sich je eine Unterbrechung zu gönnen. Als er sein zwanzigstes Jahr vollendet hatte, dachte er nicht daran, sich um eine Frau umzusehen, vielmehr hoffte er, die Schöne würde ihm eines Tages aus den Büchern entgegentreten. Suchten ihn Verwandte oder Gäste auf, so war er um ihre Unterhaltung nicht bemüht. Man hörte seine Stimme

lesen hatte, fand er zwischen den Blättern, aus Gaze geschnitten, das Bild einer schönen Frau. Überrascht sagte er: «Im Buche ist das Edelstein-Gesicht. So also sollten diese Worte sich erfüllen!» Er war voll Trauer und gab seine Hoffnung verloren. Indes besah er das kleine Bild genauer und fand die Brauen und Augen wie lebendig. Auf der Rückseite des Bildes bemerkte er mit Verwunderung die Spur der Zeichen: «Die Weberin». Er legte das Bild nun jeden Tag auf sein Buch und, unaufhörlich es ansehend, vergaß er Schlaf und Essen. Einmal aber richtete sich die kleine Gestalt unter seinen Augen halb auf, und sitzend lächelte sie ihm zu. Lang verbeugte sich vor ihr zur Erde. Als er sich erhob, war die Gestalt schon einen Fuß hoch. Tief verwundert verneigte er sich aufs neue. Die Gestalt stieg vom Tische herab. Sie war von unvergleichlicher Schönheit. Er fragte sie, welche Göttin sie sei. Sie sprach: «Mein Familienname ist Hsien (Antlitz) und mein Vorname Ruyü (Edelstein). Seit langem kennen Sie mich und täglich haben Sie mich erwartet. Käme ich nicht zu Ihnen, in tausend Jahren wohl fände ich keinen, der den Alten so festen Glauben schenkt wie Sie.»

Von da an blieb sie bei ihm. Trotz seiner großen Liebe zu ihr ließ er sie unberührt. Wenn er las, saß sie an seiner Seite. Oftmals riet sie ihm, nicht mehr zu studieren. Er aber gab ihr kein Gehör. Da sprach sie einmal: «Gerade Ihr Studium ist die Ursache, daß Sie nicht zu Erfolgen gelangen. Lesen Sie das Frühlings- und Herbstregister, ob Sie unter denen, die das Examen bestanden haben, welche finden, die das Studium auf solche Art betrieben haben wie Sie! Wenn Sie mir nicht gehorchen, werde ich Sie verlassen.» Für kurze Zeit tat er, wie sie ihn geheißen hatte; dann aber, ihre Drohung vergessend, begann er wieder zu lesen. Nach wenigen Minuten vermißte er sie und konnte sie nirgends finden. Betrübt kniete er nieder und rief sie an. Aber keine Spur war von ihr zu gewahren. Da gedachte er des Ortes, an dem sie sich einst verborgen gehalten hatte. Er ergriff das Buch Han und blätterte es sorgfältig durch. In der Tat fand er das Bild aus Gaze an der alten Stelle. Er rief sie an. Sie verharrte unbeweglich. Er beugte sich zur Erde unter drängenden Bitten. Da trat sie vom Tische herunter und sagte: «Sollten Sie noch einmal nicht auf mich hören, müßte ich Sie auf ewig verlassen.» Sie schaffte ein Schachbrett und Musikinstrumente herbei. Nun spielten sie täglich Schach, obgleich es Lang ohne Lust tat.

Wenn sie ihn eine Weile allein ließ, begann er sogleich heimlich zu lesen. Damit sie es aber nicht gewahren sollte, barg er den achten Band des Buches Han unter den andern Büchern. Einmal überraschte sie ihn. Er versuchte das Buch, in dem er gelesen hatte, unbemerkt zur Seite zu bringen, doch schon war sie verschwunden. Mit bangem Herzen suchte er sie an der gewohnten Stelle, doch fand er sie nicht. Nach einigen Tagen aber entdeckte er sie wieder im achten Bande des Buches Han. Er flehte sie an, wieder zu ihm zu kommen, und schwur, nicht wieder zu studieren. Da stieg sie herunter und spielte mit ihm Schach. «Wenn Sie in drei Tagen nicht gelernt haben, besser zu spielen, werde ich gehen!» sagte sie. Er wendete Mühe an das Spiel, und am dritten Tage schon gewann er ihr zwei Figuren ab. Sie war voller Freude und reichte ihm ein Musikinstrument. Nun gab sie ihm fünf Tage Frist, ein Lied zu üben. Da hatte er vollauf zu tun und konnte Hände und Augen nicht von der Arbeit wenden. Nach einiger Zeit konnte er gut spielen. Nun brachten sie ihre Tage damit hin, um die Wette zu trinken. Bei diesem Leben vergaß er sein Studium. Auch trieb sie ihn an, auszugehen und Umgang zu suchen, und so kam Lang in den Ruf eines geselligen Menschen. Sie pflegte nun zu ihm zu sagen: «Nun können Sie sich wohl in die Welt wagen und die Beamtenlaufbahn ergreifen!»

Eines Nachts sprach Lang zu seiner Gefährtin: «Es heißt, wenn Mann und Frau zusammenleben, so werden Kinder geboren. Nun bin ich mit Ihnen schon so lange zusammen, wie kommt es, daß wir kinderlos bleiben?» Sie sagte lächelnd: «Habe ich Ihnen nicht gesagt, daß es ganz nutzlos ist, wenn Sie so studieren? Nun haben Sie wahrhaftig nicht einmal das Kapitel ‚Mann und Frau' begriffen. Kissen und Matte, diese beiden Worte meinen Arbeit!» Verwundert fragte er, welche Arbeit das sei. Sie lächelte und schwieg. Als er aber dann ihre Belehrung empfangen hatte, freute er sich über alle Maßen. Er sagte: «Ich wußte nicht, daß es eine Freude gibt, die so tief und unaussprechlich ist.» Er sprach zu jedem, dem er begegnete, darüber, und alle lachten über ihn. Sie hörte davon und verwies es ihm, indem sie sagte: «Über heimliches Wesen spricht man nicht.» Doch er erwiderte: «Das Glück dieses himmlischen Zusammenseins kennt doch jeder Mann, was ist da zu verheimlichen?»

Nach neun Monaten gebar sie einen Sohn, für dessen Pflege sie eine alte Frau aufnahm. Eines Tags sagte sie zu Lang: «Nun lebe ich zwei Jahre mit dir und habe dir einen Sohn geboren. Ich kann dich nun verlassen. Bliebe ich noch länger, so gerietest du in Gefahr. Leicht käme die Reue zu spät!» Er weinte bei ihren Worten, neigte sich vor ihr und sagte: «Denkst du nicht an unser Kind?» Sie schwieg traurig eine lange Weile, ehe sie antwortete: «Es gibt für dich eine einzige Möglichkeit, mich aufzuhalten. Du mußt alle deine Bücher verbrennen.» Da sprach er: «Sind diese Bücher nicht mein

Leben und deine Heimat? Wie kannst du so sprechen?»

Es ereignete sich jedoch bald darnach, daß Langs Verwandte die Schöne in seinem Hause sahen. Da sie nun wohl wußten, daß er sich niemals vermählt hatte, fragten sie ihn nach Namen und Herkunft der Frau aus. Lang schwieg, da er der Lüge unfähig war. Dies machte die Menschen mißtrauisch und brachte die Sache weit und breit ins Gerede. Schließlich erfuhr auch der Stadtmagistrat, Herr Schi, davon. Schi stammte aus Fu-kien, wo er in jungen Jahren das Doktorexamen bestanden hatte. Nun war er, da er von dieser seltsamen Sache vernommen hatte, neugierig geworden, die schöne Frau zu sehen. Er befahl, Lang und die Frau zu verhaften. Als sie aber von dem Befehl vernahm, verschwand sie spurlos. Der erzürnte Schi ließ Lang ins Gefängnis werfen und erklärte ihn seines Rangs für verlustig. Lang wurde mit Schlägen gefoltert, damit er den Aufenthalt der Verschwundenen verrate. Allein er schwieg trotzig. Auch die alte Kinderpflegerin wurde gezüchtigt, doch wußte sie nichts Wesentliches zu bekennen. Schi erklärte die Sache für eine Hexerei und begab sich zur Untersuchung der Umstände in Langs Haus. Er fand dort einen ganzen Raum angefüllt mit Büchern, die allzu zahlreich waren, als daß man sie hätte durchforschen können. So gab der Magistrat Befehl, alle zu verbrennen. Der Rauch stieg in dichten, undurchdringlichen Wolken auf.

Lang gewann seine Freiheit wieder. Ein Brief, den ein Schüler seines verstorbenen Vaters an die Behörden richtete, bewirkte, daß man ihn wieder in seinen Rang einsetzte. Noch in demselben Jahr bestand er das Herbstexamen, im darauffolgenden wurde er zum Tsin-schi promoviert.

Niemals vergaß er das Unrecht, das er erlitten hatte. Für Hsien-ruyü, die Entschwundene, errichtete er einen Sitz, vor dem er am Morgen und am Abend seine Andacht verrichtete.

DER GOTT IM EXIL

Yo Yün-hao und Hsia Ping-tse lebten als Knaben in demselben Dorfe. Sie gingen bei demselben Lehrer zur Schule und wurden herzliche Freunde. Hsia war ein gescheiter Bursche und hatte schon im Alter von zehn Jahren den Ruf der Gelehrsamkeit erworben. Yo beneidete ihn gar nicht, sondern diente ihm in Demut, und Hsia hinwieder half ihm beim Lernen, so daß auch er einige Fortschritte machte.

Als aber Hsia herangewachsen war, geschah es, daß er trotz seines Ruhmes keine Erfolge bei den öffentlichen Prüfungen hatte. Bald darauf erkrankte er und starb. Seine Familie war so arm, daß sie kein Geld für sein Begräbnis auftreiben konnte. Da bezahlte Yo alles Nötige und nahm sich hinfort der Witwe und der verwaisten Kinder seines Freundes an. Jeden Scheffel Reis teilte er mit ihnen. Darob gewannen ihn die Leute im Dorfe lieb. Da er aber nicht reich war, hatte er bald seinen ganzen Besitz erschöpft. «Ach!» rief er, «wo Gaben wie Hsias versagten, wie darf ich da ein Gelingen erwarten? Rang und Reichtum sind Dinge der Bestimmung, und meine gegenwärtige Laufbahn kann nur damit enden, daß ich wie ein Hund in einem Graben verrecke. Ich muß etwas anderes unternehmen.» So gab er das Lernen auf und ergab sich dem Handel. Nach sechs Monaten hatte er ein Geringes erworben.

Als er eines Tags in einer Herberge zu Nanking ausruhte, sah er, wie ein großer starker Mann hereinkam und sich, anscheinend in schwermütiger Verfassung, in seiner Nähe hinsetzte. Yo fragte ihn, ob er hungrig sei, und als er keine Antwort erhielt, schob er ihm einige Speisen zu. Der Fremde griff mit gierigen Händen zu, und in einem Augenblick war das ganze Essen verschwunden. Yo bestellte einen neuen Vorrat, aber auch dieser wurde rasch in der gleichen Weise erledigt. Darauf sagte er dem Wirt, er solle eine Schweinsschulter und eine Anzahl gedämpfter Kuchen herbeibringen. Nachdem der Fremde für ein halbes Dutzend gegessen hatte, war sein Hunger gestillt. Er dankte Yo und sagte: «Seit bald drei Jahren habe ich kein solches Mahl gehabt.» «Und warum muß ein Held wie Sie in solcher Entbehrung leben?» fragte Yo. Der andere antwortete nur: «Die Sprüche des Himmels sollen nicht erörtert werden.» Befragt, wo er lebe, sagte er: «Zu Lande habe ich kein Haus, zu Wasser kein Boot, des Tages im Dorfe, des Nachts in der Stadt.» Yo bereitete sich nun zur Weiterreise, aber der Mann wollte ihn nicht allein gehen lassen. Als Yo eine Begleitung für unnötig erklärte, versicherte er ihm, er befinde sich in Gefahr, und fügte hinzu: «Ich kann die Freundschaft nicht vergessen, die Sie mir erwiesen haben.» So gingen sie zusammen. Unterwegs lud Yo ihn ein, mit ihm zu essen, aber er lehnte es ab, mit der Begründung, daß er nur ab und zu Nahrung zu sich nehme. Yo wunderte sich darüber noch mehr als über das Vorangegangene.

Als sie am nächsten Tag auf dem Flusse waren, entstand ein großer Sturm und brachte alle Boote zum Kentern. Yo selbst stürzte mit den andern ins Wasser. Plötzlich ließ der Wind nach, und der Fremde trug Yo auf seinem Rücken in ein anderes Boot. Dann tauchte er ins Wasser, brachte das verlorene Fahrzeug zurück, setzte Yo darauf und hieß ihn ruhig bleiben und ihn erwarten. Bald kehrte er wieder; diesmal trug er einen Teil der Ladung in den Armen, den er im Boote niederlegte. In der gleichen Weise fuhr er fort, bis alles zurückgebracht war. Yo dankte ihm und sagte: «Es war genug, mein Leben zu retten. Nun haben Sie mir aber auch meine Güter wiedergegeben.» In der Tat war nichts verloren, und Yo begann den Fremden als ein übermenschliches Wesen anzusehen. Dieser wollte nun Abschied nehmen, aber Yo bat ihn so sehr zu bleiben, daß er zuletzt einwilligte. Nach einer Weile sagte Yo lächelnd: «Bei dem ganzen Mißgeschick habe ich nur eine goldene Nadel eingebüßt.» Sogleich sprang der Fremde auf, Yo wollte ihn zurückhalten, aber schon war er untergetaucht. Bange wartete Yo; da

sah er ihn lachend erscheinen und ihm die Nadel reichen. Die Leute am Ufer waren sehr erstaunt, als sie dies erblickten. Yo aber kam mit seinem Freunde in die Heimat, und nun lebten sie zusammen. Der große Mann nahm nur einmal in zehn oder zwölf Tagen Speise, dann jedoch mit ungeheuerlicher Eßlust.

Eines Tages sprach er von Fortgehen; Yo aber wollte es durchaus nicht gestatten. Da es gerade gewitterte, sagte er nach einer Weile vor sich hin: «Was sind wohl die Wolken, was ist wohl der Blitz? Wie könnte man wohl in den Himmel kommen und sehen und wissen?» Der Mann sagte lachend: «Möchten Sie in den Lüften lustwandeln?» Bald darauf fühlte Yo eine Müdigkeit, legte sich nieder und schlief ein. Als er erwachte, empfand er, daß er nicht mehr auf einem Bette lag, sondern sich in der Luft bewegte. Die Augen öffnend, sah er, daß er zwischen den Wolken war, und rings um ihn war ein wolliger Dunst. Als er bestürzt aufsprang, schwindelte ihm, als wäre er auf dem Meere, unter seinen Füßen spürte er einen sanften nachgebenden Stoff, und weit und breit war keine Erde zu sehen. Dicht vor seinen Augen leuchteten die Sterne, und das machte ihn denken, er träume; aber aufblickend sah er, daß sie in dem Himmel steckten wie Staubfäden im Kelch der Lotosblume. An Größe waren sie verschieden, vom Umfang einer breiten Kugel bis zu dem einer kleinen Schüssel. Er hob die Hand zu ihnen und fand, daß die großen Sterne unbeweglich befestigt waren, die kleinen aber schwankten, als könnten sie abgepflückt werden. In der Tat gelang es ihm, einen loszumachen, und er verbarg ihn in seinem Ärmel. Dann schob er die Wolken, die unter ihm waren, auseinander, blickte hindurch und sah das Meer unten wie Silber glänzen. Breite Städte erschienen nicht größer als Bohnen. In demselben Augenblick aber fiel es ihm ein: wenn mein Fuß ausglitte, was für einen entsetzlichen Fall würde das geben! Nun bemerkte er zwei Drachen, die sich des Wegs daherwanden und einen Wagen zogen. Jede Bewegung ihrer Schweife dröhnte wie der Peitschenschlag eines Stiertreibers. Im Wagen stand ein Faß, das war mehr als zehn Fuß hoch und voll Wasser. Viele Männer schöpften davon mit Eimern und gossen es über die Wolken hin. Als sie Yo sahen, waren sie erstaunt; aber ein riesenhafter Mann, der in ihrer Mitte war, rief ihnen zu: «Es ist mein Freund», und nun gaben sie ihm einen Eimer, daß er ihnen das Wasser ausschütten helfe. Es war aber damals eine Zeit der Dürre, und als Yo den Eimer in der Hand hatte, gab er wohl acht, das Wasser so zu gießen, daß es auf seine Heimat fiel. Der Fremde erzählte ihm nun, er sei ein Gehilfe des Donnergotts und eben von einer dreijährigen Verbannung zurückgekehrt, die man ihm wegen nachlässiger Handhabung des Regens auferlegt hätte; nun müßten sie voneinander scheiden. Er nahm das lange Seil, das die Leute am Wagen als Zügel benutzt hatten, und hieß es Yo kräftig ergreifen, daß er ihn auf die Erde hinunter lasse. Yo hatte Angst; als er aber hörte, daß keine Gefahr dabei sei, tat er es. Im Nu schwebte er hinab und fand sich heil auf festem Boden. Er bemerkte, daß er in der Nähe seines Heimatdorfes war. Das Seil wurde in die Wolken emporgezogen, und er sah es nicht mehr. Es hatte stark geregnet; aber drei oder vier

Meilen weiter war der Niederschlag gering, obgleich in Yos Dorfe Rinnen und Gruben voll waren.

Zu Hause angekommen, nahm er den gepflückten Stern aus dem Ärmel und legte ihn auf den Tisch. Er sah stumpf aus wie ein gewöhnlicher Stein. In der Nacht aber wurde er sehr strahlend und erleuchtete das ganze Haus. Yo schätzte ihn daher sehr und bewahrte ihn sorgfältig auf. Nur wenn er Gäste hatte, holte er ihn heraus, damit er ihnen beim Weine leuchte. Sein Glanz war stets ungemindert, bis eines Abends, als Yos Frau bei seinem Scheine saß und ihre Haare kämmte, der Stern matter wurde und wie ein Glühwurm umherzuschwirren begann. Die Frau saß starr vor Staunen; da flog er plötzlich in ihren Mund und floß in ihre Kehle. Sie versuchte ihn auszuhusten, vermochte es aber nicht, und nun lief sie zu Yo und erzählte es ihm zu seiner großen Verwunderung. In der Nacht träumte Yo, daß sein alter Freund Hsia ihm erschien und sagte: «Ich bin der Stern Schao-weï. Deine Freundschaft ist mir teuer geblieben, und nun hast du mich vom Himmel zurückgebracht.

Wahrlich, unsere Geschicke sind miteinander verflochten, und ich will deine Güte vergelten, indem ich dein Sohn werde.» Yo freute sich sehr, denn er war dreißig und hatte noch keinen Sohn. Eine Zeit nach diesem Traume gebar ihm seine Frau ein männliches Kind. Bei seiner Geburt strahlte das Zimmer wie einst, wenn der Stern darin war. Darum wurde das Kind Sternkind genannt. Es war von außergewöhnlicher Klugheit und hatte schon mit vierzehn Jahren den Tsin-schi-Grad erworben.

DAS LAND IM MEER

Einst lebte ein junger Mann namens Ma Tschün, mit Beinamen Lung-meï. Er war der Sohn eines Kaufmanns, ein Jüngling von schöner Gestalt und geselligen Neigungen, der Gesang und Spiel über alles liebte. Er gab sich viel mit Schauspielern ab, und wenn er sich ein gesticktes Tuch um den Kopf legte, sah er ganz wie eine schöne Frau aus; daher nannte man ihn «die Schönheit». Mit vierzehn Jahren bestand er ein Examen und begann durch seinen Geist bekannt zu werden. Aber sein Vater, der alt wurde und sich von den Geschäften zurückzuziehen wünschte, sagte zu ihm: «Mein Junge, die Bücher kannst du nicht kochen, um deinen Hunger zu stillen, und kannst dir daraus kein Kleid machen, um dich vor der

Kälte zu schützen. Es ist besser, du bleibst dabei, was dein Vater getrieben hat.» Seither beschäftigte sich Ma nur noch mit Maßen und Gewichten, mit Kapital und Zinsen und dergleichen mehr.

Einst machte er eine Seereise und wurde von einem Sturmwind verschlagen. Nachdem er viele Tage und Nächte umhergeirrt war, kam er in ein Land, dessen Bewohner von seltsamer Häßlichkeit waren. Als ihn einige von ihnen sahen, glaubten sie, es sei ein Teufel, und liefen schreiend davon. Ma war über ihren Anblick zuerst etwas bestürzt, da er aber bemerkte, daß sie sich vor ihm fürchteten, nutzte er ihre Angst zu seinem Vorteil aus; so oft er auf Leute stieß, die aßen und tranken, stürzte er sich auf sie, und wenn sie entflohen, nährte er sich von dem, was sie zurückgelassen hatten. Nach einiger Zeit kam er in ein Dorf, das mitten im Gebirge lag und dessen Bewohner schon einigermaßen Menschen ähnlich waren; doch gingen sie alle in Lumpen und Fetzen wie Bettler. Ma setzte sich unter einen Baum, um auszuruhen, und die Dorfleute, die sich ihm zu nähern wagten, begnügten sich, ihn aus der Entfernung zu betrachten. Sie bemerkten jedoch bald, daß er sie nicht fressen wollte, und kamen allmählich näher an ihn heran. Ma begann lächelnd zu ihnen zu reden, und obgleich ihre Sprache verschieden war, vermochte er sich ihnen zur Not verständlich zu machen, und teilte ihnen mit, woher er gekommen war. Die Dorfleute waren sehr erfreut und verbreiteten die Kunde, daß der Fremde kein Menschenfresser sei. Dennoch kamen die Häßlichsten nur um einen Blick auf ihn zu werfen und liefen wieder davon; sie wagten nicht ihm nahezukommen. Die an ihn herantraten, waren an Mund und Nase den Leuten im Lande der Mitte nicht unähnlich. Sie brachten ihm Speisen und Wein in Menge. Ma fragte sie, wovor sie sich fürchteten. Sie antworteten: «Wir haben von unseren Vorfahren gehört, daß sechsundzwanzigtausend Li gen Westen ein Land liege, welches das Reich der Mitte genannt wird, und daß seine Bewohner eine ganz absonderliche Gestalt hätten. Bisher war es ein Hörensagen; jetzt wissen wir, daß wir es glauben dürfen.» Er fragte sie nun, wie es zugehe, daß sie so arm seien. Sie sagten: «In unserem Lande hängt alles nicht von geistigen Gaben, sondern von der Schönheit ab. Die Schönsten werden zu Staatsministern gemacht, die Nächstschönen zu hohen Beamten, und die dritte Klasse wird im Hofdienste verwendet. So können sie von ihren Gehältern für ihre Frauen und Familien sorgen. Wir aber werden von unserer Geburt an von unseren Eltern als unheilbringend angesehen und ausgesetzt. Nur wenige Eltern, die es nicht übers Herz bringen, behalten ihre Kinder, um die Fortdauer der Familie zu sichern.» Ma fragte nach dem Namen des Landes und erfuhr, daß es Groß-Lotscha heiße; die Hauptstadt liege etwa dreißig Li nach Norden entfernt. Er bat sie, ihn dahin mitzunehmen. Am nächsten Tage beim Hahnenkrähen brachen sie auf und kamen, als es Tag wurde, in der Stadt an. Die Mauern waren aus einer Steinart, schwarz wie Tusche, und die Torhäuser über hundert Fuß hoch. Die Dächer waren aus roten Steinen, und als Ma ein abgebröckeltes Stückchen auflas, rötete es seine Fingernägel wie Zinnober. Gerade kamen die Beamten in Hoftracht aus der Audienz. Die Dorfleute wiesen mit den Fingern auf einen und sagten, es sei der Reichskanzler. Seine Ohren waren verkehrt angewachsen und hingen ihm wie Lappen ins Gesicht, er hatte drei Nasenlöcher, und seine Wimpern hingen wie ein Bambusvorhang vor seinen Augen. Dann kamen einige auf Pferden, von denen sie sagten, sie seien die obersten Räte. So berichteten sie ihm den hohen Rang eines jeden der garstigen ungeschlachten Kerle, die er sah. Je höher die Beamten auf der Würdenleiter standen, desto häßlicher waren sie. Nach einiger Zeit ging Ma zurück. Die Leute in den Straßen staunten ihn an und rannten Hals über Kopf davon, wenn er näher kam, als wären sie einem Kobold begegnet. Die Landleute erklärten ihnen mit hundert Mündern, wer es sei, und endlich ließen sie sich bewegen, ihn aus einer Entfernung anzusehen. Als er zurückgekommen war, gab es im ganzen Volk nicht einen Menschen, Mann, Weib oder Kind, der nicht gewußt hätte, daß ein seltsames Wesen sich im Dorf aufhalte. Der Adel und die Beamten befahlen den Landleuten, ihn ihnen zu zeigen. Wenn er jedoch an eines der Häuser kam, schlug ihm der Pförtner immer das Tor vor der Nase zu und der Herr des Hauses, die Frau und die ganze Familie wagten nur durch die Türspalte ihn anzusehen und mit ihm zu reden. Nicht ein einziger getraute sich ihn zu empfangen. Endlich erinnerten sich die Dorfleute, die nicht wußten, was sie tun sollten, an einen Herold, der von einem früheren König mit einer Botschaft zu fremden Völkern geschickt worden war. Sie sagten, der würde, da er so viele Arten von Menschen gesehen habe, sich vor Ma nicht fürchten. Sie gingen nun in dessen Haus und Ma wurde als hoher Gast in Ehren empfangen. Der Herold schien achtzig oder neunzig Jahre alt zu sein: seine Augäpfel waren aus den Höhlen getreten und sein Bart gesträubt wie ein Igel. Er sagte zu Ma: «In meiner Jugend bin ich vom König zu vielen Völkern gesandt worden, aber ich kam niemals bis ins Reich der Mitte. Nun bin ich hundertundzwanzig Jahre alt, und daß es mir vergönnt ist, einen Eingeborenen Ihres Landes zu sehen, ist ein Ereignis, das ich dem Throne berichten muß. Zehn Jahre und mehr war ich nicht bei Hofe und habe hier in meiner Abgeschiedenheit gelebt; nun will ich aber um Ihretwillen die Mühe auf mich nehmen.» Hierauf folgte ein Gastmahl, und als der Wein eine Zeit lang gekreist hatte, kam ein Dutzend Sängerinnen herbei, die sangen und tanzten. Die Mädchen sahen wie Gespenster aus, trugen weiße gestickte Tücher um den Kopf geschlungen und lange scharlachne Kleider am Leib, die am Boden schleppten. Die Worte, die sie sangen, waren unverständlich und die Weisen, die sie spielten, anstrengend. Der Gastgeber schien aber daran großen Gefallen zu finden, und er sagte zu Ma: «Haben Sie im Reich der Mitte auch solche Musik?» Er antwortete bejahend und der Alte bat um eine Probe. Ma summte ihm eine Melodie vor und schlug den Takt auf dem Tisch, worüber jener sehr erfreut war und rief: «Wunderbar! Ihre Stimme ist wie der Gesang des Vogels Phönix und wie das Brüllen des Drachens. Ich habe dergleichen nie gehört.» Am nächsten Tage ging er in die Audienz und empfahl Ma dem König, der erst beschloß, ihn zu sich zu berufen, hernach jedoch auf den Rat einiger Minister, die darlegten, seine Erscheinung sei so grauenhaft, daß sie Seine Majestät erschrecken könnte, davon Abstand nahm. Der alte Mann war darüber sehr aufgebracht, ging nach Hause und sagte es Ma. Sie blieben nun einige Zeit beisammen, bis sie berauscht waren. Dann griff Ma nach einem Schwert und nahm Tanzstellungen ein, nachdem er sein Gesicht mit Kohlenstaub beschmiert hatte. Er spielte die Rolle des Generals Tschang-Feï. Sein Gastgeber war von seiner Kunst so entzückt, daß er ihn bat, vor dem Kanzler in der Rolle des Tschang-Feï aufzutreten; der Kanzler würde ihm dann gewiß eine Stellung anweisen. Ma antwortete: «Als Spiel geht es an, aber wie kann ich mit meinem Gesicht Besitz und Ehre zu erwerben suchen?» Auf das Drängen des Alten gab er aber zuletzt doch seine Zustimmung. Der Alte bereitete ein großes Fest, lud einige hohe Beamte dazu ein und hieß Ma sich bemalen und die Gäste erwarten. Als sie gekommen waren, brachte man ihn in den Saal, worauf sie alle erstaunt ausriefen: «Seltsam! wie geht das zu, daß er früher so häßlich war und jetzt so schön ist?»

Später, als sie beim Wein saßen, begann Ma ein zauberhaftes Lied zu singen, und sie wurden so erregt davon, daß sie ihn am nächsten Tage dem König empfahlen. Der sandte ihm eine besondere Aufforderung, vor ihm zu erscheinen. Als Ma kam, war der König erfreut und legte ihm viele Fragen über die Regierungsweise im Lande der Mitte vor, die Ma ausführlich und zur Bewunderung des Königs beantwortete. Es wurde nun ihm zu Ehren ein Festmahl in dem königlichen Gartenhause den königlichen Gästen gegeben, und als er berauscht war, sagte der König zu ihm: «Ich habe gehört, Sie seien ein sehr geschickter Musiker. Wollen Sie mir die Freude schenken, Sie zu hören?» Ma stand auf und begann Tanzstellungen anzunehmen, indem er eine klagende Weise sang, nach der Art jener, die die Mädchen in den weißen gestickten Kopftüchern gesungen hatten. Der König war entzückt und gab ihm sogleich ein hohes Amt und manche andere Zeichen seiner Gunst. Mit der Zeit entdeckten jedoch seine Kollegen die Unechtheit seines bemalten Gesichts. Fortan flüsterten sie einander immer etwas zu, wenn er in ihrer Mitte war, und wichen ihm aus. So war Ma sich selbst überlassen und fand seine Lage recht unerfreulich. Er richtete daher eine Bittschrift an den Thron, es möchte ihm gestattet werden, sein Amt niederzulegen, aber sein Ansuchen wurde abgewiesen. Er gab nun vor, er befinde sich unwohl, und erhielt einen Krankenurlaub von drei Monaten, während dessen er seine Wertsachen zusammenpackte und in das Gebirgsdorf zurückkehrte. Er wurde von den Dorfleuten auf den Knien empfangen und verteilte Gold und Juwelen unter seine alten Freunde. Ihr Jubel war donnergleich, und sie sagten zu ihm: «Wir geringen Leute haben von Ihnen Geschenke erhalten; wir werden, wenn wir zum Seemarkt gehen, Perlen und Kostbarkeiten für Sie heimbringen, um Ihre Güte ein wenig zu vergelten.» Ma fragte sie, wo der Seemarkt sei. Sie antworteten: «In der Mitte des Ozeans, wo die Fischmenschen der vier Meere ihre Schätze bewahren und zwölf Völker ihren Handel treiben. Manche geisterhafte Wesen suchen den Markt heim. Auf dem Wege dahin decken rote Nebel den

Himmel, hohe Wolken hemmen den Pfad. Sie, Herr, dürfen sich der Gefahr nicht aussetzen, aber Sie können uns Geld geben und wir werden seltene Perlen für Sie kaufen. Die Zeit ist nah.» Ma fragte sie, woher sie dies wüßten. Sie sagten: «Wenn wir rote Vögel sehen, die über dem Wasser hin und her fliegen, wissen wir, daß der Markt nach sieben Tagen eröffnet wird.» Er fragte, wann sie aufbrechen wollten; er würde sie begleiten. Sie baten ihn, nicht daran zu denken, er aber sagte: «Ich bin ein Seemann; wie sollten mich Wind und Wogen schrecken?» Bald darauf trugen die Leute ihre Waren zusammen; Ma bereitete sich zur Reise und ging an Bord des Schiffes.

Das Schiff hatte einen flachen Boden und ein hohes Geländer, es wurde von zehn Männern gerudert und durchschnitt das Wasser wie ein Pfeil. Nach einer dreitägigen Fahrt sahen sie in der Ferne die Umrisse hoher Prachtgebäude und eine Menge von Handelsschiffen, die wie ein Gewimmel von Ameisen aussah. Bald kamen sie ans Ziel. Die Stadtmauern waren aus Ziegeln, so groß wie ein Menschenkörper, die Türme reichten in den Wolkenstrom. Nachdem sie ihr Boot vor Anker gebracht hatten, gingen sie ans Land und sahen auf dem Markte seltene Perlen und köstliche Edelsteine, deren Strahlen die Augen blendeten, von einer Art, die bei den Menschen nicht bekannt ist. Plötzlich sahen sie einen jungen Mann auf einem schönen Rosse heranreiten. Die Marktleute traten zurück, um ihn durchzulassen, und sagten, es sei der dritte Prinz von Tung-yan. Als der Prinz Ma erblickte, rief er: «Das ist keiner der Fremden.» Sogleich kam ein Diener zu Ma und fragte ihn nach Namen und Heimat. Ma verneigte sich vor dem Prinzen, und bei der Seite stehend sagte er, wie er heiße und woher er stamme. Der Prinz lächelte ihm zu und sprach: «Es ist kein geringes Glück für uns, daß Sie unsere Gegend mit Ihrem Besuche beehrt haben.» Er gab ihm sodann ein Pferd und bat ihn, ihm zu folgen. Sie ritten zum Westtor hinaus und nieder zum Strand, wo die Pferde ins Wasser sprangen. Ma schrie erschrocken auf, aber das Wasser spaltete sich vor ihnen, daß sie auf trockenem Boden standen, und die Wellen bildeten Mauern zu beiden Seiten. Nach kurzer Zeit nahm Ma den Königspalast wahr, dessen Balken aus Schildkrötenschalen und dessen Ziegel aus Fischschuppen gemacht waren. Die vier Wände waren aus Kristall und glänzten wie Spiegel. Ma stieg zugleich mit seinem Gefährten vom Pferde und folgte ihm ins Schloß, in dem er den Drachenkönig erblickte. Der Prinz sagte: «Majestät, ich bin zum Markt spazierengeritten und bin diesem edlen Herrn aus dem Reiche der Mitte begegnet.» Ma machte dem König eine Verbeugung, worauf der zu ihm sprach: «Mein Herr, Sie sind ein Gelehrter, Sie können gewiß dichten. Deshalb bitte ich Sie, einige Strophen auf unsern Seemarkt zu verfassen. Seien Sie nicht geizig mit Ihren Perlen und Edelsteinen.» Ma verneigte sich zur Erde und unternahm es, den Wunsch des Königs zu erfüllen. Er bekam dazu eine Tuscheplatte aus Kristall, einen Pinsel aus Drachenbart, schneeweißes Papier und nach Rittersporn duftende Tusche überreicht und warf sogleich einige tausend Verse aufs Papier, die er dem König überreichte. Als der sie gelesen hatte, sagte er: «Mein Herr, Ihre heldenhaften Gaben erweisen uns Seevölkern eine große Ehre.» Dann berief er die Häupter der Drachenstämme und gab ein Fest im Lusthaus der Farbigen Wolke. Als der Wein gekreist hatte, nahm der König einen hohen Becher in die Hand und sprach zu seinem Gast: «Meine geliebte Tochter hat noch keinen Gatten. Ich möchte sie Ihnen verloben. Entspricht diese Absicht auch Ihren Wünschen?» Ma stand errötend auf und sagte «Ja». Der König sah sich um und sprach ein paar Worte zu seinem Gefolge. Nach einigen Augenblicken führte eine Schar von Hofdamen die Königstochter herein, deren Schmuck beim Gehen klirrte. Sogleich erschollen Pauken und Trompeten und Braut und Bräutigam beteten miteinander Himmel und Erde an. Ma warf einen Blick auf die Prinzessin und sah, daß sie von feengleicher Lieblichkeit war. Nach der Zeremonie zog sie sich zurück und bald brachen auch die Gäste auf. Zwei schöngekleidete Zofen kamen, die Ma mit bemalten Kerzen hereingeleiteten, wo die Braut in reichem Schmucke wartete. Das Brautbett war aus Korallen, geschmückt mit acht Arten von Edelsteinen, die Vorhänge waren mit leuchtenden und faustgroßen Perlen behangen, und die Decken und Kissen dufteten.

Am Morgen des nächsten Tages kam eine Schar von jungen Mädchen ins Zimmer, die Ma beim Aufstehen Dienste leisteten. Er ging sodann in den Hofsaal, um den König zu begrüßen und ihm seinen Dank auszusprechen. Er wurde in Ehren als königlicher Schwiegersohn empfangen und zum Staatsoffizier ernannt. Der Ruf seiner dichterischen Gaben war weithin gedrungen und die Könige der Meere sandten Botschafter zu ihm, ihn zu beglückwünschen und an ihren Hof zu laden. Ma ritt auf einem herrlichen Seepferde umher, mit prächtigen Gewändern angetan, von einer mit weißen Seerosen bewaffneten berittenen Leibgarde begleitet. Da waren Spielleute zu Pferde und Spielleute zu Wagen. In drei Tagen hatte er alle Seereiche besucht und seinen Namen überall bekannt gemacht.

Im Palast war ein Baum aus Jade. Sein Stamm war so breit, daß ihn ein Mann nicht umfassen konnte. Seine Wurzeln waren klar wie Glas und in der Mitte lief ein Steg von blassem Gelb. Die Zweige waren armbreit, die Blätter wie helle Jade und dick wie Kupfermünzen. Unter dem dichten Laubwerk pflegten die Damen des Hofes zu sitzen und zu singen. Die Blüten, die den Baum bedeckten, glichen Trauben, und wenn ein Blütenblatt zu Boden fiel, klang es wie Glöckchen. Wenn man eins auflas, fand man, daß es wie geschnittener Karneol war, hell und lieblich anzusehn. Von Zeit zu Zeit kam ein wunderbarer Vogel in das Geäst und sang. Seine Federn waren von goldenem Grün, sein Schweif so lang wie sein Körper. Sein Lied war wie der Klang von Jade, klagend und das Herz bewegend. Als Ma den Vogel singen hörte, rief es in ihm die Erinnerung an sein altes Heim auf, und er sprach zur Prinzessin: «Ich bin nun schon drei Jahre von meiner Heimat fern, von Vater und Mutter getrennt. Wenn ich an sie denke, fließen meine Tränen und der Schweiß rieselt mir über den Nacken. Willst du mit mir in mein Haus kommen?» Die Prinzessin antwortete: «Der Weg der Unsterblichen ist nicht wie der Weg der Menschen, daher vermag ich dir nicht zu folgen.

Aber ich könnte auch nicht ertragen, daß die Liebe von Mann und Weib das Band zwischen Eltern und Kind zerrisse. Laß uns bedenken, was geschehen soll.» Als Ma dies hörte, konnte er sich nicht des Weinens erwehren, aber die Prinzessin sagte seufzend: «Es ist so, daß wir nicht beides vollkommen besitzen können.» Am nächsten Tage sprach der König zu Ma: «Ich höre, daß Sie sich nach Ihrer alten Heimat sehnen. Würde es Ihnen genehm sein, morgen Abschied zu nehmen?» Ma antwortete: «Ich Wanderer bin von Ihnen so gütig behandelt worden. Die Treue der Vergeltung ist mir an Nieren und Leber gebunden. Wenn ich erst zu Hause gewesen bin, will ich bald zurückkehren.» Am Abend redeten die Prinzessin und Ma beim Wein von der bevorstehenden Trennung. Ma versprach, sie würden einander bald wiedersehen, aber die Prinzessin sagte: «Unser Eheleben ist zu Ende.» Er weinte von neuem, sie aber sprach weiter: «Wie ein guter Sohn kehrst du zu deinen Eltern heim. In den Begegnungen und Trennungen des großen Lebens sind hundert Jahre wie ein einziger Tag. Warum wollen wir Tränen vergießen wie Kinder? Ich will dir treu sein; bleibe auch du mir ergeben; und so werden wir, wiewohl geschieden, im Geiste vereinigt und ein glückliches Paar sein. Muß man, um miteinander alt zu werden, Seite an Seite leben? Brächst du unsern Vertrag, so würde deine nächste Ehe eine unglückliche sein; brauchst du aber eine Haushälterin, so kannst du dir eine Nebenfrau nehmen. Noch etwas ist, worüber ich sprechen möchte. Ich werde Mutter werden. Ich bitte dich, unserem Kind einen Namen zu geben.» Ma antwortete: «Wird es ein Mädchen, soll es Lungkung*, wird es ein Knabe, soll es Fu-hai** heißen.» Die Prinzessin bat ihn nun um ein Erinnerungszeichen und Ma gab ihr zwei Wasserrosen aus Jade, die er in Lotscha bekommen hatte. Sie sagte noch: «Am achten Tage des vierten Monats, drei Jahre von heute, sollst du dich nach der südlichen Insel einschiffen. Dann will ich dir unser Kind übergeben.» Sie füllte einen Beutel aus Fischhaut mit Juwelen, gab ihn Ma und

* Drachenpalast.

** Glücksmeer.

sagte: «Achte darauf, es wird ein Vorrat für viele Geschlechter sein.»

Als der Morgen dämmerte, gab der König ein großes Abschiedsmahl, und Ma sagte allen Lebewohl. Die Prinzessin begleitete ihn in einem von schneeweißen Seeschafen gezogenen Wagen bis an die Grenze des Meerreichs, wo er ausstieg und ans Land sprang. «Lebe wohl!» rief die Prinzessin, als der umkehrende Wagen sie rasch von dannen trug. Das Wasser schloß sich über ihr und entriß sie den Blicken des Gatten.

Ma durchquerte das Meer und kehrte heim. Viele hatten ihn schon für tot gehalten; alle staunten, als er kam. Zum Glück lebten noch seine Eltern; aber seine Frau hatte einen andern geheiratet, und er verstand, warum die Prinzessin ihn zur Treue ermahnt hatte: sie wußte schon, was geschehen war. Sein Vater wollte, daß er sich wieder vermähle, aber er weigerte sich es zu tun; er nahm nur eine Nebenfrau. Als drei Jahre verstrichen waren, begab er sich nach der südlichen Insel. Da erblickte er, dicht am Strande, auf den Wogenkämmen reitend und im Wasser herumplätschernd, zwei kleine

Kinder. Als er näher trat, faßte das eine nach ihm und sprang in seine Arme; worauf das andere schrie, als sei es zornig, weil es nicht auch aufgenommen wurde. Ma zog beide an sich und betrachtete sie. Es waren ein Knabe und ein Mädchen, beide sehr lieblich; sie trugen gestickte Käppchen, die mit Wasserrosen aus Jade geschmückt waren. Eins hatte eine Tasche um, in der Ma den folgenden Brief fand:

«Ich hoffe, daß mein Schwiegervater und meine Schwiegermutter sich wohl befinden. Drei Jahre sind verstrichen, und noch hält uns das Schicksal getrennt. Über den großen Ozean findet der Briefvogel keinen Pfad. Ich war bei Dir in meinen Träumen, bis ich ganz erschöpft wurde. Sieht der blaue Himmel noch auf einen Gram wie der meine hinab? Ich denke an Tschang-ngo, die einsam im Monde wohnt*, und an Tschih-nü, die klagte, weil sie den Silberstrom nicht überschreiten kann.** Wer bin

* Die schöne Ehefrau eines sagenhaften Häuptlings, die ihrem Gatten den Unsterblichkeitstrank stahl und damit in den Mond entfloh.

** Die «Spinnerin» oder «Weberin», ein Stern im Sternbild der Lyra, an dessen alljährlichen Durchgang durch die Milchstraße (den «Silberstrom») sich eine berühmte Sage knüpft, die die Trennung der Weberin von ihrem geliebten Kuhhirten erzählt.

ich, daß ich Glück als mein Teil erwarten dürfte? Wahrlich, dieser Gedanke kehrt meinen Kummer in Freude. Zwei Monate nach Deiner Abreise habe ich Zwillinge geboren, die schon in der Sprache der Kinder zu schwatzen wissen und bald nach einer Dattel, bald nach einer Birne greifen. Sie können auch ohne Mutter weiterleben. Ich sende sie Dir, mit den Blumen aus Jade, die Du mir gabst, in ihren Hütchen, zum Zeichen des Senders. Wenn Du sie auf Deine Knie nimmst, denke, daß ich an Deiner Seite stehe. Ich weiß, daß Du mir Dein Versprechen gehalten hast, und ich bin glücklich. Ich werde bis zum Tode keinen andern Gatten nehmen. Alle Gedanken an Kleider und Schmuck sind von mir abgefallen, mein Spiegel zeigt keine neuen Moden, meine Wangen sind schon lange ungepudert, meine Brauen ungeschwärzt. Du bist wie jener Soldat, der in den Krieg ziehen mußte, und ich wie seine Marketenderin, die nicht mitziehen durfte. Obgleich wir nicht eigentlich ein Eheleben führen, kann doch nicht gesagt werden, wir seien nicht Mann und Weib. Deine Eltern werden ihre Enkelkinder auf den Schoß nehmen, wiewohl sie deren Mutter nie gesehen haben. Ach! ein Unrecht ist wohl in alledem.

Im nächsten Jahre wird Deine Mutter in die lange Nacht eintreten. Ich werde am Grabe sein, wie es einer Schwiegertochter zusteht.

Unserer Tochter wird es wohl ergehen; später wird sie die Hand der Mutter fassen können. Wenn unser Knabe heranwächst, wird er gewiß dann und wann zu mir kommen dürfen. Lebe wohl, teurer Gatte, lebe wohl. Ich lasse vieles ungesagt.»

Ma las den Brief wieder und wieder, und seine Tränen flossen all die Zeit. Seine beiden Kinder hingen an seinem Halse und baten: «Laß uns heimkehren.» Er wurde noch tiefer bewegt, liebkoste sie und sagte: «Ach, meine Kinder, wißt ihr denn, wo euer Heim ist?» Da weinten sie alle sehr. Ma blickte auf das große Meer, das sich hinstreckte, um dem Himmel zu begegnen, lieblich und weglos. Dann umarmte er seine Kinder, bestieg mit ihnen das Schiff und kehrte voller Kummer zurück.

Da er wußte, daß seine Mutter nicht lange mehr leben würde, bereitete er alles für die Zeremonie des Begräbnisses und pflanzte hundert junge Fichten um ihr Grab. Im nächsten Jahre starb die alte Frau und ihr Sarg wurde zur Grabstätte gebracht. Plötzlich stand am Grabe eine junge Frau im Trauergewand. Als die Menge sich über sie verwunderte, kamen Blitz und Donner und ein heftiger Regenstoß hernieder, und sie war verschwunden. Da bemerkte er, daß die vielen jungen Fichtenbäume, die erstorben waren, nun alle wieder auflebten.

Als Fu-hai herangewachsen war, sehnte er sich sehr nach der Mutter. Einmal sprang er ins Meer und kehrte erst nach mehreren Tagen zurück. Da Lung-kung als Mädchen nicht mit ihm gehen konnte, klagte sie im Verborgenen. An einem Abend trat die Drachentochter zu ihr und sagte: «Mein Kind, du wirst nun bald heiraten, weine nicht mehr.» Sie gab ihr einen acht Fuß hohen Korallenbaum, ein Stück wohlriechenden Drachensteins, hundert köstliche Perlen und zwei goldausgelegte Schachteln mit acht Arten von Edelsteinen als Mitgift. Als Ma entdeckte, daß sie gekommen war, stürzte er hinein, ergriff ihre Hand und weinte vor Freude. Da erschütterte ein gewaltiger Donnerstoß das Haus, und die Prinzessin war verschwunden.

DAS BLÄTTERKLEID

Lu Tse-fu aus Fen, der in früher Kindheit seine Eltern verloren hatte, kam in seinem neunten Jahre zu seinem Onkel Ta-hi, der Beamter war. Ta-hi war reich und kinderlos und liebte Lu wie seinen eigenen Sohn. Mit vierzehn Jahren geriet Lu in die Gesellschaft schlechter Leute, die ihn zu Ausschweifungen verführten. Als einst eine berühmte Kurtisane aus Tsching-ling durch die Stadt kam, fand Lu so großen Gefallen an ihr, daß er ihr, als sie nach halbjährigem Aufenthalt nach Tsching-ling zurückkehrte, heimlich folgte. Nachdem er ein weiteres halbes Jahr bei ihr zugebracht hatte, war sein Geld unter dem Kissen zu Ende. Die Schwestern* begannen ihm geringschätzig zu be-

* Schwestern werden die Kurtisanen genannt.

gegnen, doch duldeten sie ihn noch in ihrer Nähe. Da fügte es sich, daß er einer beulenartigen Krankheit verfiel. Der Ausfluß der Wunden beschmutzte sein Bett. Die Frauen vertrieben ihn, und er mußte in der Stadt seinen Unterhalt erbetteln. Dort wichen die Menschen vor seinem Anblick scheu zurück. In ihm wuchs die Angst, in der Fremde verlassen sterben zu müssen. Er begab sich, Almosen heischend, auf den Weg nach seiner Heimat, die im Westen lag. Täglich dreißig bis vierzig Li zurücklegend, hatte er bereits die Grenze des Bezirkes Fen erreicht. Da er sich aber schämte, so in Schmutz und Lumpen heimzukehren, verweilte er in der Umgegend. Als die Sonne im Untergehen war, schickte er sich eilig an, einen Tempel zu erreichen, in dem er Unterkunft für die Nacht fände. Auf dem Wege begegnete er einem jungen Mädchen, das von überirdischer Schönheit war. Sie näherte sich ihm und fragte, wohin er gehe. Er sagte ihr die Wahrheit. Da sprach sie: «Ich bin aus der Welt geschieden und wohne einsam in einer Berghöhle. Ich kann Ihnen ein Lager für die Nacht anbieten. Sie brauchen auch vor den

Tigern und Wölfen keine Furcht zu haben.» Lu war froh darüber und folgte ihr. Bei dem Berge angekommen, gewahrte er den Eingang zu einem unterirdischen Palast. Vor dem Tore lief ein Bach, über den eine steinerne Brücke führte. Von dem Felsentor ging ein Licht aus, das die Nacht strahlend erhellte. Das Mädchen befahl ihm, die Lumpen abzutun und im Bach zu baden. Sie sagte: «Wenn Sie in diesem Wasser untertauchen, werden Ihre Beulen geheilt werden.» Hierauf hieß sie ihm ein Bett bereiten und befahl ihm dringend: «Gehen Sie sogleich zur Ruhe! Indessen will ich für Sie ein Kleid machen.» Sie nahm große Bananenblätter und schnitt ein Kleid aus ihnen zurecht. Lu, auf dem Bette rastend, sah ihr zu. Nachdem sie es fertig genäht hatte, faltete sie es zusammen, legte es vor das Bett hin und sprach: «Morgen können Sie es anziehen.» Dann legte sie sich auf einem Bette nieder, das dem seinen gegenüberstand. Seit dem Bade fühlte er die Schmerzen von seinen Beulen geschwunden. Als er am Morgen erwachte, betastete er sie und spürte, daß sie zu schuppigen Narben geworden waren.

Beim Aufstehen überlegte er, womit er sich bekleiden solle, da er meinte, das Blätterkleid doch nicht tragen zu können. Er nahm es in die Hand und betrachtete es. Es war aus einer köstlichen grünen Seide.

Als es Zeit wurde, ein Mahl einzunehmen, hob seine Gefährtin dürres Laub vom Boden auf, gab es den Dienerinnen und hieß sie daraus Kuchen backen. Aus Blättern schnitt sie ein Huhn und einen Fisch zurecht und ließ sie braten. Als er aß, war es wirklich Fisch und Huhn und Kuchen. In der Ecke des Zimmers stand ein Krug, in dem war edler Wein verwahrt, den sie tranken. Wenn er schwand, goß man Wasser auf, und doch blieb es immer der gleiche Wein. Nach einigen Tagen fielen von Lus Haut die Schuppen ab. Lu bat das Mädchen, sein Lager zu teilen. Sie sagte: «Leichtfertiger Bursche, kaum ergeht es Ihnen wohler, und schon hegen Sie wieder unnütze Wünsche.» Er sagte: «Könnte ich Ihnen doch mein Gefühl für Sie beweisen!» Dann umfingen sie einander und waren froh.

Eines Tages trat lächelnd eine junge Frau herein und neckte das Mädchen: «Kleine

Pien-pien, du scheinst ja zu Tode vergnügt! Wie lang wird der schöne Traum dir noch währen?» Das Mädchen ging ihr entgegen und rief: «Lange warst du nicht bei mir, Hua-tschen, dich hat wohl der Westwind hergetragen, der heute so stark bläst? Hast du mir deinen Jungen mitgebracht?» Hua-tschen erwiderte: «Auch diesmal ist es ein Mädchen.» Pien-pien sprach: «Ach, du bist ja schon eine Ziegelei!* Doch weshalb hast du das Kind nicht bei dir?» Hua-tschen antwortete: «Sie ist soeben nach langem Weinen eingeschlafen.» Die Frau setzte sich zu den beiden an den Tisch, trank mit ihnen und sagte, Lu anblickend: «Mir scheint, der junge Herr kann guten Weihrauch brennen.» Lu erwiderte ihren Blick und erkannte, daß sie kaum drei- oder vierundzwanzig Jahre zählte und sehr schön war, und er empfand ein heftiges Wohlgefallen an ihr. Als ihm eine Frucht, die er schälte, entglitt, beugte er sich zu Boden, wie um sie aufzuheben, und faßte heimlich den Fuß der Hua-tschen. Die Frau lächelte mit fernen Augen,

* Neugeborenen Knaben wurde im alten China ein Edelstein, neugeborenen Mädchen ein Ziegel in die Wiege gelegt.

als ob sie nichts verspürte. Als er erregt und seiner Sinne unmächtig den Blick auf sein Kleid senkte, gewahrte er, daß es nimmer Seide, sondern welkes Laub war, das um seine Glieder hing. Entsetzt faßte er sich zur Ruhe und saß still da. Bald wurde das Kleid wieder wie vordem Seide, und er freute sich sehr, daß die Damen von der doppelten Verwandlung nichts bemerkt hatten. Später jedoch, indes sie weitertranken, berührte er streichelnd Hua-tschens feine Handfläche. Sie lachte und scherzte mit der Freundin weiter, als ob sie auch diesmal nichts bemerkt hätte. Lus Herz schlug gewaltig, da sah er wieder das Kleid in dürre Baumblätter verwandelt. Nach einer Weile verwandelte es sich in Seide zurück. Nun schämte sich Lu und getraute sich nicht mehr, dreisten Gedanken nachzuhängen. Hua-tschen aber sprach lachend: «Dein junger Mann ist wahrhaftig ein zu ungezogener Mensch. Wäre es nicht Frau Essigflasche, die mit euch am Tisch sitzt, er wäre schon in die Wolken entsprungen!» Die andere stimmte in das Lachen ein und sagte: «Ja, der ungetreue Kerl hätte wohl verdient in Not und Kälte unterzugehn!»

Hua-tschen erhob sich und meinte: «Vielleicht ist mein kleines Mädchen erwacht, dann weint es herzzerreißend nach mir!» Die andere stand gleichfalls auf und erwiderte scherzend: «Freilich, während man begierig ist, den fremden Mann zu verführen, vergißt man das eigene Haus!» Als Hua-tschen sich entfernt hatte, fürchtete Lu, seine Gefährtin möchte ihn schelten. Sie aber redete zu ihm wie immer.

Die Zeit verging so, es kam der Herbst, der Wind wurde kalt, die grünen Blätter schrumpften verwelkend ein. Die Frau sammelte Blätter und fertigte Winterkleider daraus an. Lu aber fror trotz der Kleider. Da nahm die Frau ein Tuch und fing die Nebelwolken darin ein, die vor dem Eingang ihrer Höhle hinzogen, wob ihm ein flockiges Kleid daraus und zog es ihm an. Das Gewand war warm und weich wie Pelz und leicht wie frische Baumwolle.

Im kommenden Jahr gebar Pien-pien einen Sohn, der war klug und schön. Lu spielte mit seinem Kind, aber oft enteilten ihm die Gedanken in die Heimat, und er bat einmal die Frau, mit ihm hinzuziehen. Sie sagte: «Ich kann dir zwar nicht folgen, doch kannst du allein gehen.» Drei Jahre säumte er noch. Indessen war das Kind herangewachsen. Da beredeten sie mit Hua-tschen, ihrer beider Kinder zur künftigen Vermählung einander anzuverloben. Lu gedachte in dieser Zeit oft seines alten Onkels. Pien-pien sagte einmal: «Dein Onkel ist wohl hoch in Jahren, doch ist er noch sehr rüstig. Fürchte also nichts für ihn. Erwarte noch die Heirat unseres Kindes, ehe du deinem Wunsche gemäß zu deinen Verwandten gehst.»

Auf Blättern Zeichen machend, unterwies Pien-pien ihr Kind im Lesen und Schreiben. Der Knabe erfaßte ungemein leicht. Pien-pien sprach zu Lu: «Unserem Sohn ist ein gutes Schicksal vorbestimmt. Wird er in der Welt leben, so dürfen wir hoffen, daß er bis zum Range eines Ministers aufsteigt.»

Als der Knabe das vierzehnte Jahr vollendet hatte, überbrachte Hua-tschen ihre Tochter, reich geschmückt und strahlend von Angesicht. Mann und Frau freuten sich und ordneten ein Fest an, an dem das ganze Haus teilnahm. Pien-pien sang, mit ihrer Haarnadel aufklopfend:

«Ich habe einen guten Sohn. Was scheren mich reiche Beamte?
Ich habe eine gute Tochter. Was kümmern mich prächtige Damen?
Heute ist die Vermählung. Heut sollen alle sich freuen.
Ich schenke allen ein, und wir trinken aufs Wohl meiner Kinder.»

Hua-tschen ging. Das junge Paar nahm Wohnung im gegenüberliegenden Felsenflügel. Die junge Frau galt in Pien-piens Liebe, als wäre sie ihr eigengeborenes Kind. Einmal sagte Pien-pien zu Lu: «Mein Sohn ist von der Art der Welt, nicht von der Art der Feen. Nimm du ihn mit dir, er wird hoch steigen und reich sein.» Die junge Frau wünschte ihre Mutter zum Abschied zu sehen; als sie es aussprach, war Hua-tschen schon da. Die Kinder schieden schwer. Die Tränen bedeckten ihnen beide Wangen. Die Mütter trösteten sie und sagten: «Geht nun, später werdet ihr wohl wiederkehren!» Pien-pien schnitt aus Blättern Reitesel; auf ihnen sitzend, zogen die drei nach Lus Heimat.

Lus Onkel, Ta-hi, war alt geworden und hatte sein Amt niedergelegt. Er war seit langem des Glaubens, sein Neffe sei gestorben. Nun kam er unerwartet und brachte dem Alten überdies noch einen guten Enkel und eine schöne Enkelin mit. Ta-hi freute sich, als hätte er einen Schatz von Edelsteinen gehoben. Als die drei aber unter die Tür des Hauses traten, sahen sie ihre Kleider als welke, zerfetzte Bananenblätter an ihren Körpern niederhängen und mußten sogleich ihre Hüllen wechseln.

Nach einer Weile gedachte Lu Pien-piens und ging mit seinem Sohn ins Gebirge an ihren einstigen Wohnort, ihre Spur zu suchen. Gelbe Blätter aber verbargen ihnen den Eingang der Höhle und Nebel verhüllten den Weg. Weinend kehrten sie heim.

DER ÄRMEL DES PRIESTERS

Ein Priester, dessen Namen und Heimat man nicht kannte, begehrte einmal bei dem Fürsten Lu vorgelassen zu werden. Der Pförtner weigerte sich, ihn zu melden. In diesem Augenblick trat einer der Hofherren aus dem Schloß. Der Priester verneigte sich und brachte ihm seine Bitte vor. Da er unansehnlich gekleidet war, stieß ihn der Würdenträger weg, und als er wiederkam, ließ er ihn durch einen Diener hinaustreiben. Der Priester lachte, zog hundert Taels in Gold hervor, ersuchte den Mann, ihn beim Hofherrn mit dieser Gabe zu empfehlen und sagte noch: «Ich habe gehört, daß im inneren Garten Pflanzungen und Lustgebäude sind, denen kein Ding auf Erden an Schönheit gleicht. Möchte man mir sie zeigen, das wäre mir fürs Leben genug.» Dann schenkte er dem Diener eine Handvoll Silber. Der freute sich und brachte die Botschaft dem Hofherrn, der ebenfalls erfreut war und den Priester durch eine Hintertür in den Garten führte.

Sie besahen nun eine Herrlichkeit nach der andern. Zuletzt bestiegen sie, um die ganze Gegend zu überschauen, einen turmartigen Bau. Als der Hofherr sich an die Brüstung lehnte und hinunterblickte, gab ihm der Priester einen Stoß. Er fühlte sich hinabstürzen, blieb aber an einem dünnen Rindenfaden hängen, dessen eines Ende an seinem Gürtel, das andere an einem Vorsprung des Turmes haftete. Als er nach unten sah, erschien es ihm, daß er hoch oben in der Luft hing, und ihn schwindelte. Im nächsten Augenblick spürte er ein Nachlassen des Fadens, als wolle er reißen, und schrie laut auf. Sogleich kamen einige Wächter herbeigelaufen, die, als sie den Hofherrn hoch über der Erde hängen sahen, heftig erschraken. Endlich bestiegen sie den Turm und versuchten, den daran befestigten Knoten zu lösen, aber der Faden war so

dünn, daß man ihn nicht anfassen durfte. Die Wächter suchten nun den Priester; er war verschwunden. Sie wußten sich keinen Rat mehr und meldeten die Begebenheit dem Fürsten. Er kam herbei, wunderte sich und befahl sodann, große Polster auf dem Boden auszubreiten. Als sie es getan hatten, riß der Faden, und in demselben Augenblick wurde es allen offenbar, daß die Gefahr nur eine Täuschung gewesen war und daß der Hofherr in Wahrheit kaum einen Fuß hoch über der Erde geschwebt hatte, und sie brachen in helles Gelächter aus.

Der Fürst ließ den Aufenthalt des Priesters erkunden. Die Boten erfuhren, daß er beim Hsiu-tsai Tschang wohnte. Sie fanden ihn nicht zu Hause, begegneten ihm aber auf dem Rückweg und führten ihn zum Fürsten. Der lud ihn zu einem Mahl ein und bat ihn, ihm seine Gaukelkünste zu zeigen. Der Priester sagte: «Ich bin ein Mann aus der Wildnis und besitze gar keine Kunst. Da Eure Hoheit mir aber wohlgesinnt ist, werde ich es wagen, Ihnen einen Frauenchor vorzuführen, der Ihnen ein langes Leben wünschen soll.» Er zog nun aus seinem Ärmel eine schöne Frau hervor und stellte sie auf den Boden. Sie verneigte sich zur Erde und trug das Lied vor, das die Feen im Schlosse der Mutterkönigin des Westens singen. Dann ließ er in der gleichen Weise eine zweite, eine dritte und noch viele Sängerinnen erscheinen. Zuletzt kam die Fee, welche die Weberin genannt wird, und brachte ein himmlisches Gewand, dessen goldene Strahlen das Zimmer füllten. Der Fürst meinte, das Kleid sei wohl ein Trug, und verlangte, es in der Nähe zu betrachten. Der Priester sagte, das gehe nicht an, aber der Fürst hörte nicht auf ihn und besah das Kleid von allen Seiten. Es war ohne Naht und nicht wie Menschenwerk. Der Priester sagte ärgerlich: «Ich wollte Ihnen mit aufrichtigem Herzen dienen und habe Ihnen zur Freude das Kleid den Himmelssöhnen entliehen. Nun ist es von der unsauberen Luft berührt. Wie kann ich es den Eigentümern zurückgeben?» Dann zündete er das Kleid an und steckte es wieder in seinen Ärmel. Als man den untersuchte, war darin nichts mehr zu finden.

Der Fürst glaubte nun daran, daß die Sängerinnen Feen wären, und hätte gern einige an seinem Hofe behalten. Als er aber noch einmal hinsah, entdeckte er, daß es seine eigenen Hofsängerinnen waren. Nun fiel es ihm jedoch ein, daß die vorgetragenen Gesänge den Mädchen unbekannt sein mußten. Er fragte sie danach, und sie wußten gar nicht mehr, was sie getan hatten.

Der Fürst erwies dem Priester große Ehren und bat ihn, bei ihm auf seinem Schloß zu bleiben. Der Priester sagte: «Ich bin ein Wilder, und dieses Schloß ist ein Käfig. Im Hause des Hsin-tsai habe ich Freiheit.» Doch kam er fortan oft am Tage ins Schloß und ging am Abend, blieb auch manchmal auf das Drängen des Fürsten über Nacht. Bei Tisch pflegte er außer der Jahreszeit die köstlichsten Blumen und Gewächse aller Art hervorzuzaubern.

Einmal fragte ihn der Fürst: «Ich habe gehört, die Unsterblichen vergässen die Liebe nicht. Ist das wahr?» Der Priester antwortete: «Bei den Unsterblichen ist es wohl so, aber ich bin nicht von ihnen. Mein Herz ist ein verdorrter Baum.»

In einer Nacht, die der Priester im Schlosse zubrachte, hieß der Fürst ein Mädchen zu ihm gehen. Als sie in sein Zimmer trat und ihn anrief, erhielt sie keine Antwort. Sie zündete eine Kerze an und sah, daß er auf dem Lager mit geschlossenen Augen saß. Sie schüttelte ihn; er öffnete die Augen und schloß sie wieder. Sie schüttelte ihn noch einmal; da begann er zu schnarchen. Sie stieß ihn; da fiel er hin, lag unbewegt da und schnarchte mit Donnerstimme. Sie berührte mit dem Finger seine Stirn; es klang hart, wie wenn man auf eine Eisenpfanne schlägt. Nun ging sie zum Fürsten und berichtete es ihm. Der Fürst befahl ihr, den Schlafenden zu stechen; die Nadel drang nicht ins Fleisch. Man versuchte den Körper zu heben; zehn Menschen konnten ihn kaum vom Platze bringen. Sie ließen ihn zu Boden fallen, und es war wie der Fall eines zentnerschweren Felsblocks. Am nächsten Morgen suchte man ihn wieder auf; da lag er noch auf der Erde und schlief. Als er erwachte, lachte er und sagte: «Das war ein guter Schlaf, ich habe es nicht einmal gespürt, als ich vom Bette fiel.» Danach vergnügten sich die Mädchen oft daran, ihn im Schlafe anzufassen. Bei der ersten Berührung war er noch weich, bei der zweiten hart wie Eisen.

Der Hsiu-tsai Tschang, bei dem der Priester wohnte, hatte einst vor Jahren die Bekanntschaft der Sängerin Weï-ku gemacht und hatte sie heiraten wollen. Weï-ku war berühmt um der Schönheit ihres Gesanges willen; der Fürst Lu hörte von ihr und nahm sie in seinen Dienst. So wurde sie von Tschang getrennt; sie dachten aneinander mit großem Weh, denn sie konnten weder zueinander kommen noch einander Nachricht geben. Eines Abends fragte Tschang den Priester, ob er Weï-ku gesehen hätte. Er antwortete, er habe alle Frauen am Hofe gesehen, aber er wisse nicht, welche er meine. Tschang beschrieb sie ihm nach Alter und Gestalt; da erinnerte er sich ihrer. Nun bat ihn Tschang, ihr ein Wort von ihm zu überbringen. Der Priester sagte lächelnd: «Ich bin von der Welt abgeschieden und kann nicht zwischen Menschen vermitteln.» Aber Tschang flehte ihn unablässig an; endlich schüttelte der Priester seinen Ärmel und sagte: «Wenn Sie denn unbedingt zu ihr wollen, kommen Sie hier herein.» Tschang blickte in den Ärmel, da war es wie ein großes Haus; doch konnte er nicht anders als gebückt und halb kriechend hineinkommen. Als er es getan hatte, war er in einer weiten Halle; reiches Licht strömte aus unzähligen Fenstern herein; Tische, Stühle, Lagerstätten standen umher. Er wohnte nun darin und fand es sehr behaglich. Indessen ging der Priester ins Schloß, spielte mit dem Fürsten Schach und wartete auf Weï-ku. Als sie kam, schüttelte er den Ärmel, wie um den Staub abzustreifen, und schon hatte er Weï-ku hineingebracht, ohne daß es jemand bemerkte.

Tschang saß gerade in tiefem Sinnen, als eine schöne Frau durchs Dach hereingefallen kam. Es war Weï-ku. In staunendem Entzücken umarmten sie einander. Nachdem sie liebend und genießend eine Zeit beisammen verbracht hatten, sprach Tschang: «Diese wunderbare Begegnung dürfen wir nicht unbeschrieben lassen. Daher möchte ich mit Ihnen ein Gedicht machen.» Und sie schrieben an die Wand diese Verse:

Tschang:
Das Haus des Fürsten ist wie das Meer.
Wer es betritt, läßt keine Spur zurück.
Weï-ku:
Wie hätte ich je die Hoffnung gewagt,
meinen Geliebten wiederzusehn?
Tschang:
Im Ärmel ist eine unendliche Welt. Sie
hat nicht Maß und nicht Grenze.
Weï-ku:
Die einsamen Wandrer empfängt sie gnä-
dig und die sehnsüchtigen Frauen.

Kaum war das Gedicht zu Ende, kamen fünf Menschen in rosenfarbenem Kleid und kantigen Hüten herein, ergriffen die Frau und führten sie hinaus. Tschang war erschreckt und wußte nicht, was er beginnen sollte.

Bald kehrte der Priester nach Hause zurück, rief Tschang heraus und fragte ihn, wie es ihm ergangen sei. Er erzählte es, jedoch nicht ohne einige Einzelheiten zu verschweigen. Der Priester lächelte, nahm sein Kleid ab und zeigte ihm die Rückseite des Ärmels. Tschang sah darauf in winzigen, kaum sichtbaren und doch völlig deutlichen Zügen die Verse, die er und Weï-ku an die Wand geschrieben hatten.

Nach einigen Wochen durfte Tschang wieder in den Ärmel gehen, und dann noch etlichemal. Als er wieder einmal mit Weïku zusammenkam, sagte sie zu ihm: «Es regt sich in meinem Leibe. Ich bin sehr bekümmert darüber. Ich habe mich fest gegürtet, aber im Schlosse gibt es zu viele Augen und Ohren, und wenn das Kind geboren wird, wo kann ich es schreien lassen? Bitte den Priester, mir zu helfen, wenn meine Stunde kommt.» Tschang versprach es ihr. Als er den Priester wiedersah, warf er sich vor ihm nieder und wollte nicht aufstehen. Der Priester hob ihn auf und sagte: «Was gesprochen wurde, war mir schon bewußt. Seien Sie unbesorgt. An diesem Faden hängt die Erhaltung Ihres Geschlechts; wie sollte ich da nicht mit allen Kräften helfen? Aber von nun an dürfen Sie nicht mehr zu ihr. Der Grund meines Beistands ruht nicht in den persönlichen Verhältnissen.»

Nach einigen Monaten kam der Priester zu Tschang und sagte lächelnd: «Ich bringe

Ihnen Ihren Sohn, holen Sie schnell die Windeln herbei.» Tschangs Ehefrau, die etwa dreißig Jahre zählte, war von gütiger Natur. Sie war etlichemal schwanger gewesen, hatte aber nur einen Sohn behalten; eine Tochter, die sie vor kurzem geboren hatte, war gestorben, nachdem sie nur einen Monat gelebt hatte. Als Tschang ihr die Nachricht brachte, kam sie erfreut heraus. Der Priester holte das Kind, das sanft schlief, aus dem Ärmel; die Nabelschnur war noch nicht abgebunden. Frau Tschang nahm es in ihre Arme, da fing es erst zu weinen an.

Dann zog der Priester sein Kleid aus und sagte: «Die Lehre des Tao verbietet, Blutflecken auf seinem Kleide zu haben. So muß ich das alte Ding, das mir zwanzig Jahre gedient hat, abtun.» Während er ein neues anzog, das ihm Tschang gab, sagte er zu ihm: «Werfen Sie das alte nicht weg. Ein Lot davon hat, zu Asche verbrannt, die Macht, schwere Geburten zu lindern.» Tschang versprach, darauf zu achten.

Eine Zeit verstrich. Eines Tags sprach der Priester zu Tschang: «Von dem aufbewahrten alten Kleid behalten Sie stets ein

Stück zurück. Vergessen Sie es auch nach meinem Tode nicht.» Tschang sagte, er solle nicht Worte von übler Vorbedeutung sprechen. Der Priester schwieg. Bald darauf ging er zum Fürsten und sagte: «Nun will ich sterben.» Der Fürst mochte es nicht glauben und sagte nur: «Das ist ja des Schicksals Sache, wie kann man darüber sprechen?» Doch hielt er ihn, als er gehen wollte, zurück und bat ihn, eine Partie Schach mit ihm zu spielen. Als sie es getan hatten, stand der Priester auf. Der Fürst hielt ihn wieder zurück und bat ihn, mit ihm in das äußere Haus zu treten. Der Priester folgte ihm und legte sich draußen hin. Als der Fürst sich nach ihm umwandte, sah er, daß er tot war.

Der Leichnam wurde eingesargt und mit großen Ehren begraben. Tschang ging an das Grab und trauerte. Auf dem Rückweg fiel ihm ein, was der Priester vom Kleide gesagt hatte. Er machte es bekannt, und es erwies sich, daß es ein Mittel von großer Kraft war. Viele Leute kamen zu Tschang und baten ihn darum. Anfangs gab er von dem befleckten Ärmel, dann schnitt er

Stücke des Kragens ab und so fort. Er beherzigte aber die Mahnung des Priesters, da er dachte, es sei wohl seine Frau gemeint, die eine schwere Geburt haben würde, schnitt ein handgroßes Stück ab und bewahrte es wie eine Kostbarkeit. Aber die Jahre vergingen, ohne daß er es brauchen konnte.

Da geschah es, daß eine Nebenfrau des Fürsten Lu, die gebären sollte, drei Tage lang in den Wehen lag, und alle Mittel, die die Ärzte anwandten, hatten keinen Erfolg. Nun erzählte jemand dem Fürsten von Tschangs wunderbarem Kleid. Der Fürst ließ ihn rufen. Sobald die Frau von der Asche eingenommen hatte, gebar sie. Der Fürst war sehr erfreut und wollte Tschang Silber und Seide schenken, aber er wollte nichts annehmen. Auf die Frage des Fürsten, ob er nicht doch einen Wunsch habe, sagte er: «Ich wage nicht, ihn auszusprechen.» Als ihn der Fürst aufforderte, es unbesorgt zu tun, verneigte er sich zur Erde und sprach: «Wenn Eure Hoheit mir eine Gnade erweisen wollen, geben Sie mir Weï-ku. Das wäre mir genug.» Der Fürst ließ sie kommen und fragte nach ihrem Alter. Sie sagte: «Als ich ins Schloß kam, war ich achtzehn. Seither sind vierzehn Jahre verstrichen.» Der Fürst meinte, sie wäre zu alt, und ließ alle Sängerinnen rufen, damit Tschang sich eine nach Belieben wähle; aber Tschang wollte keine andere. Der Fürst lachte und sagte: «Närrischer Student, haben Sie sich schon vor so vielen Jahren vergeben?» Tschang erzählte ihm nun alles. Der Fürst ließ einen reich geschirrten Wagen herrichten und alle Kostbarkeiten, die Tschang abgelehnt hatte, als Weï-kus Aussteuer draufladen. Dann begleitete er die beiden hinaus.

Weï-kus Sohn war Hsiu-scheng, das ist «der im Ärmel Geborene», genannt worden. Zu jener Zeit war er elf Jahre alt.

Tschang hörte nie auf, der Güte des Priesters zu gedenken, und ging in jedem Jahr am Totenfeste an sein Grab.

Ein Mann aus Sse-tschuan befand sich auf einer Reise in der Gegend. Da kam ihm der Priester entgegen, gab ihm ein Buch und sagte: «Es ist aus dem Schloß. Als ich eilig fortging, habe ich vergessen, es zurückzugeben. Bringen Sie es in meinem Namen hin.» Als der Mann ins Schloß kam, erfuhr er, daß der Priester schon lange tot sei. Da wagte er nicht, dem Fürsten zu berichten, was ihm begegnet war. Tschang tat es für ihn. Der Fürst schlug das Buch auf und erkannte es wieder. Er zweifelte aber noch und ließ das Grab des Priesters öffnen. Man fand den Sarg leer.

Tschangs erster Sohn starb jung. Durch Hsiu-scheng blieb Tschangs Geschlecht erhalten. So erfüllte sich die Prophezeiung des Priesters.

DER TRAUM

In Tschiao-tschou lebte ein Mann namens Tou-hsü, mit dem Beinamen Hsiao-hui. Als er eines Tages sich nachmittags niedergelegt hatte, sah er vor seinem Bette einen Mann in honigfarbenem Kleide stehen, der ihm anscheinend etwas mitteilen wollte. Er fragte ihn nach seinem Begehren und der Mann antwortete, er sei der Überbringer einer Einladung von seinem Herrn. «Und wer ist dein Herr?» fragte Tou. «Oh, er wohnt nicht weit von hier», erwiderte der andere. So gingen sie zusammen, und nach einiger Zeit kamen sie an einen Platz, auf dem unzählige weiße Gebäude sich eines über dem andern erhoben, von dichten Zitronenhainen beschattet. Sie nahmen ihren Weg durch zahllose Türen von ungewöhnlicher Gestalt und begegneten einer Menge umherlaufender Männer und Frauen, die alle etwas Beamtenhaftes in ihrer Erscheinung hatten und von denen jeder Tous Begleiter zurief: «Ist Herr Tou gekommen?» worauf er stets bejahend antwortete. Nun kam ihnen ein hoher Würdenträger entgegen und führte Tou zu einem Palast. Tou sagte zu ihm: «Sie erweisen mir viele Güte. Aber ich habe nicht die Ehre Sie zu kennen und weiß den Grund Ihrer Einladung nicht.» «Unser Fürst», antwortete sein Begleiter, «hat schon lange von Ihnen als von einem Mann von vornehmem Geschlecht und vortrefflichen Grundsätzen gehört und ist begierig, Ihre Bekanntschaft zu machen.» Tou war sehr erstaunt und fragte: «Wer ist Ihr Fürst?» «Sie werden es sogleich selbst sehen», sagte der andere. In demselben Augenblick kamen zwei Mädchen mit Fahnen heraus, die Tou durch viele Türen geleiteten, bis sie an einen Thron kamen, auf dem der Fürst saß. Als er Tou eintreten sah, stand er auf, ging ihm entgegen und forderte ihn auf, den Ehrensitz einzunehmen. Danach wurden ihnen köstliche Speisen aller Art vorgesetzt. Aufblickend bemerkte Tou eine Rolle, auf der geschrieben stand: Der Kassiahof, und er begann gerade daran zu denken, was er zunächst sagen sollte, als der Fürst ihn ansprach: «Die Ehre, Sie zum Nachbarn zu haben, darf wohl wie ein Verwandtschaftsband zwischen uns angesehen werden. Wir wollen uns daher der Freude ergeben und Mißtrauen und Furcht gänzlich abtun.» Tou murmelte seine Zustimmung. Als der Wein einigemal herumgegangen war, hörte man in einer Entfernung Flötenspiel und Gesang erklingen, aber ohne die übliche Trommelbegleitung und sehr gedämpften Schalls. Der Fürst sah sich in der Runde um und sagte: «Wir wollen euch Herren einen Vers zur Ergänzung aufgeben*: «Schöner Geist sucht den Kassiahof.» Während die Hofleute noch über einen passenden Gegenvers nachdachten, sagte Tou: «Edler Sinn liebt den Lotoskelch.» Der Fürst rief: «Wie seltsam! Lotos ist der Name meiner Tochter. Nach solch einem schönen Zufall muß sie selbst

* Dieses in China sehr beliebte Spiel besteht darin, daß jedes Wort des zu bildenden Verses dem an derselben Stelle stehenden des ersten entsprechen muß.

kommen, damit Sie sie sehen.» Nach wenigen Augenblicken verkündete das Klingen ihres Geschmeides und ein köstlicher Moschusduft die Ankunft der Prinzessin. Sie war zwischen sechzehn und siebzehn, mit unirdischer Schönheit begabt. Der Fürst hieß sie sich vor Tou verneigen und stellte sie ihm als seine Tochter Lotos vor. Sogleich nach diesem feierlichen Vorgang entschwand die Prinzessin wieder. Ihre Erscheinung hatte alle Gedanken Tous in Bewegung versetzt und wieder zum Erstarren gebracht. Er war so überwältigt, daß er, als der Fürst ihm vorschlug, sie sollten einander noch ein volles Glas zutrinken, es gar nicht hörte. Der Fürst, der wohl verstand, was die Aufmerksamkeit seines Gastes abgelenkt hatte, erzählte ihm, er würde gern einen Gemahl für seine Tochter finden, aber unglücklicherweise sei da die Schwierigkeit der verschiedenen Gattung und er wisse nicht, was er tun solle. Aber auch diese Worte hörte Tou nicht, bis endlich einer der Umstehenden ihn am Ärmel zupfte und ihn fragte, ob er nicht bemerkt habe, daß der Fürst ihm zuzutrinken wünschte.

Da fuhr Tou auf und kam wieder zu Sinnen; er erhob sich und bat den Fürsten, seine Unhöflichkeit zu entschuldigen, da der viele Wein ihn des Bewußtseins beraubt hätte. «Überdies», fügte er hinzu, «erwarten Eure Hoheit zweifellos mancherlei Geschäfte. Ich will daher Abschied nehmen.» «Ich bin glücklich, Sie gesehen zu haben», antwortete der Fürst, «und bedaure nur, daß Sie solche Eile haben. Ich will Sie jetzt nicht aufhalten. Wenn Sie uns aber nicht völlig vergessen, werde ich mich sehr freuen, Sie wieder hierher einzuladen.» Er gab nun Befehl, man solle Tou nach Hause begleiten. Auf dem Wege fragte diesen einer der Hofleute, warum er nichts gesagt habe, als der Fürst von einem Gatten für seine Tochter sprach, da doch seine Hoheit offenbar beabsichtigt hätte, Tou zu seinem Schwiegersohn zu machen. Tou war bestürzt, daß er die Gelegenheit versäumt hatte. Indessen hatten sie sein Haus erreicht. Da geschah es, daß er erwachte: die Sonne war schon untergegangen, er saß in der Dämmerung und dachte daran, was sich ereignet hatte. Alles stand noch klar vor seinen Augen.

Am nächsten Abend löschte er die Kerze und hoffte, den Traum fortsetzen zu können. Aber der Faden war abgerissen und er konnte nur seine Reue in Seufzern aussprechen.

Eines Nachts schlief er im Hause eines Freundes, als plötzlich ein Hofbeamter eintrat und ihn ersuchte, vor dem Fürsten zu erscheinen. Entzückt sprang er auf und folgte ihm zum Palast, wo er sich vor dem Thron zur Erde verbeugte. Der Fürst hob ihn auf, hieß ihn sich setzen und sagte: «Seit wir beisammen waren, habe ich erfahren, daß Sie geneigt sind, meine Tochter zu heiraten, und ich hoffe, daß es mir gestattet sein wird, sie Ihnen zur Magd zu geben.» Tou stand auf und dankte mit erneuter Verbeugung dem Fürsten, der nun Befehl gab, daß ein Gastmahl bereitet werde. Als sie beim Wein saßen, wurde gemeldet, die Prinzessin sei angekleidet. Sodann kam eine Schar von Hofdamen mit der Prinzessin in ihrer Mitte. Ein roter Schleier hüllte ihren Kopf ein und sie glitt mit kleinen Schritten heran, als sie sie auf den Teppich führten. Als die Zeremonien der Vermählung beendet waren, wurden Tou und die Prinzessin ins Brautgemach geleitet. Die reine duftende Luft hatte eine unsägliche Kraft der Beglückung. Tou sprach zur Prinzessin: «In deiner Gegenwart wäre es leicht, den Tod selber zu vergessen. Aber ich fürchte, daß all dies nur ein Traum ist.» «Wie kann es ein Traum sein», sagte die Prinzessin, «da du und ich beisammen sind?»

Am nächsten Morgen vergnügte sich Tou damit, der Prinzessin beim Schminken zu helfen. Dann begann er mit einem Gürtel den Umfang ihrer Hüften und mit seinen Fingern die Länge ihrer Füße zu messen. «Bist du närrisch?» rief sie lachend. Tou sagte: «Ich bin so oft durch Träume getäuscht worden, daß ich mir jetzt eine genaue Erinnerung schaffen will. Wenn es wieder zu nichts wird, werde ich doch etwas als ein Andenken haben.» Während sie so scherzten, kam eine Dienerin ins Zimmer gestürzt und schrie: «Ach! ach! ein großes Ungeheuer ist dem Palaste nahegekommen. Der Fürst hat sich in einen Seitenflügel geflüchtet. Vernichtung wird sicherlich über uns kommen.» Tou war in großer

Angst, als er dies hörte, und lief zum Fürsten, der seine Hand ergriff und ihn unter Tränen bat, sie nicht im Stich zu lassen. «Unsere Verwandtschaft», rief er, «war schon gegründet, als der Himmel dieses Unheil über uns sandte. Nun wird mein Reich zerstört werden. Was soll ich tun?» Tou bat ihn, ihm mitzuteilen, was geschehen sei. Der Fürst legte einen Eilbericht auf den Tisch und ersuchte Tou, ihn zu öffnen und zu lesen. Das Schreiben lautete: «Der Erste Staatsminister, Schwarzflügel, an Seine Königliche Hoheit, zum Bericht der Ankunft eines außergewöhnlichen Ungeheuers und zur Empfehlung unverzüglicher Entfernung des Hofes zum Zwecke der Erhaltung der Lebenskraft des Reiches. Meldung ist soeben erstattet worden von dem am Gelben Tor wachhabenden Offizier, des Inhalts, daß seit dem sechsten Tage des fünften Monats ein riesenhaftes Ungeheuer, zehntausend Fuß an Länge messend, zusammengerollt außerhalb des Eingangs zum Palast lagert und daß es allbereits dreizehntausendachthundert und etliche Untertanen Eurer Hoheit verzehrt und weit und breit Verheerung ausgestreut hat. Beim Empfange dieser Meldung ging der Diener Eurer Hoheit mutig daran, eine Rekognoszierung zu unternehmen, und wurde eines giftigen Reptils gewahr, dessen Kopf den Umfang eines Berges hatte und dessen Augen breiten Wasserflächen glichen. So oft es den Kopf erhob, verschwanden ganze Gebäude in seinem Rachen, und wenn es sich streckte, stürzten Mauern und Häuser in Trümmern zusammen. Aus dem ganzen Altertum ist keine Erwähnung eines Schreckens dieser Art erhalten. Das Schicksal unserer Tempel und Ahnenhallen wird schon in den nächsten Stunden entschieden sein. Wir flehen daher Eure Hoheit an, sogleich mit der Königlichen Familie den Palast zu verlassen und anderswo eine glücklichere Wohnstätte zu suchen.» Als Tou dieses Schriftstück gelesen hatte, wurde sein Angesicht aschenfahl. In demselben Augenblick stürzte ein Bote herein und schrie: «Da ist das Ungeheuer!» worauf der ganze Hof in wilde Klagen ausbrach. Der Fürst war außer sich vor Angst; er sagte Tou, er solle sich selbst in Sicherheit bringen, ohne sich um seine

Frau zu kümmern, durch die er in dieses Unheil geraten sei. Die Prinzessin jedoch, die daneben stand und ihr Geschick bitterlich beweinte, rief Tou an, er solle sie nicht verlassen. Nach einem Augenblick des Zögerns sagte er, er würde sich glücklich schätzen, sein armes Haus zu ihrer sofortigen Verfügung zu stellen, wenn sie geruhen wollte, ihm die Ehre zu erweisen. «Wie können wir in einem Augenblick wie dieser von geruhen sprechen? Ich bitte dich, nimm uns so schnell wie möglich dahin.» Tou gab ihr seinen Arm und im Nu waren sie in seinem Hause angekommen. Die Prinzessin erklärte sogleich, es sei ein reizender Aufenthaltsort und besser sogar als ihr früheres Königreich. «Aber nun bitte ich dich», sagte sie zu Tou, «Vorrichtungen für die Aufnahme meiner Eltern zu treffen, damit die alte Ordnung der Dinge hier fortgesetzt werde.» Als Tou nun einige Einwände machte, rief sie: «Ein Mann, der einem andern Wesen in der Stunde der Not nicht helfen will, ist kein Mann» und fiel in einen Weinkrampf. Tou versuchte, so gut er konnte, sie zu trösten, als er plötzlich erwachte und sah, daß alles nur ein Traum gewesen war. Doch hatte er zu gleicher Zeit ein Summen in den Ohren und wußte, daß es von keinem menschlichen Wesen herrühren konnte. Er blickte sich achtsam um und entdeckte zwei oder drei Bienen, die sich auf seinem Kissen niedergelassen hatten. Er war darüber sehr erstaunt und beriet sich mit einem Freund, der die seltsame Geschichte mit Verwunderung erfuhr. Als er Tous Kleider ansah, bemerkte er, daß eine Menge Bienen darauf saßen, die sich nicht wegscheuchen ließen. Er riet Tou nunmehr, einen Korb für sie aufstellen zu lassen. Als dies geschehen war, füllte ihn sogleich ein ganzer Schwarm von Bienen, die in großen Scharen herbeigeflogen kamen. Man untersuchte, woher sie gekommen waren, und stellte fest, daß sie einem alten Mann gehörten, der in der Nachbarschaft wohnte und seit dreißig Jahren Bienen züchtete. Tou ging zu ihm und erzählte ihm die Begebenheit. Der Alte eilte zu seinen Bienenstöcken und fand einen leer. Als er ihn aufbrach, entdeckte er eine Schlange, die etwa zehn Fuß lang war. Er erkannte in ihr das riesenhafte Ungeheuer aus Tous Erlebnis und tötete sie sogleich. Die Bienen aber blieben bei Tou und vermehrten sich von Jahr zu Jahr.

MUSIK

Wen Hsiu-tscheng, ein junger Gelehrter, der einem vornehmen Geschlecht der Provinz Tsching angehörte, liebte mit Leidenschaft die Musik. Sein liebstes Instrument war das Kin*, das er niemals verließ, auch nicht wenn er eine Reise unternahm.

Auf einer seiner Fahrten fand er sich vor der Tür eines alten Tempels. Er band sein Pferd an und trat ein, um auszuruhen. Drinnen sah er einen greisen Priester in schlichter Tracht, der mit gekreuzten Beinen saß, in Gebet und Betrachtung versunken. Sein Stab lehnte an der Wand, und daneben hing sein Kin, in bunten Stoff gehüllt. Wen fühlte sich in seiner Leidenschaft erregt und

* Kin: ein fünfsaitiges Instrument aus Holz, dessen gerundeter Teil den Himmel, der flache die Erde darstellt.

fragte: «Verstehen Sie darauf zu spielen?» Der Priester antwortete: «Nicht gar gut. Gern würde ich von einem Kundigen lernen.» Zugleich löste er das Kin von der Wand und reichte es dem Besucher. Wen sah beim ersten Blick, daß es von einer seltenen Vollkommenheit des Baus war. Er versuchte die Saiten; die Töne hatten eine wunderbare Reinheit. Nun spielte er eine kurze Weise. Der Priester lächelte, ohne ihm Beifall zu spenden. Wen spielte das Beste, was er konnte. «Recht gut», sagte der Priester lachend, «aber nicht genug, um mein Lehrer zu werden.» Wen fand, daß dies eine hochmütige Rede sei, und bat den Priester, nun selbst zu spielen. Der legte das Kin auf seine Kniee und stimmte es sorgsam. Als die Töne kamen, erschien es Wen, daß ein sanfter Wind vorüberzog, mit dem hundert Arten von Vögeln herbeiflogen, bis alle Bäume im Hofe von ihnen bedeckt waren, und sie sangen. Entzückt bat Wen den Priester, ihn das Spiel zu lehren. Dreimal spielte der Priester die Weise, und Wen nahm sie auf, andächtig mit geneigten Ohren lauschend. Nun hieß der Priester ihn versuchen, und er

石佛寺龍女聽琴
僦侯封筆

tat es. «Mit dem, was Sie jetzt wissen», sagte der Priester, «können Sie gewiß sein, in dieser Welt keinen Rivalen zu haben.» Wen übte noch eine Zeit und wurde einzig in seiner Kunst.

Auf der Heimkehr hielt ihn eines Abends, zehn Li weit von der Heimat, ein Gewitterregen auf. Ein Dorf lag am Weg. Er trat, ohne zu überlegen, in das erste Häuschen ein. In dem Vorraum war niemand, aber nach einem Augenblick trat ihm ein Mädchen von siebzehn oder achtzehn Jahren entgegen, von himmlischer Schönheit, das bei seinem Anblick erschrak und zurücklief. Wen war noch nicht verlobt, und so wandelten ihn Liebesgedanken an. Indessen kam eine alte Frau heraus und fragte nach seinem Namen. Er sagte ihn ihr und bat um Aufnahme. Sie erwiderte: «Hier bleiben können Sie wohl, aber ich habe kein Nachtlager. Wenn Sie sich mit einer Strohmatte begnügen wollen, will ich Sie gern aufnehmen.» Dann brachte sie eine Kerze und breitete mit freundlicher Gebärde eine Matte aus. Wen fragte sie nach ihrem Namen. Sie sagte, sie heiße Tschao. Nun begehrte er zu wissen, wer das Mädchen sei. Sie antwortete: «Das ist Fang-niang, meine Pflegetochter.» Wen sagte: «Wenn Sie mich nicht geringachten, würde ich mich gern mit ihr verbinden. Was meinen Sie dazu?» Die Alte erwiderte mit verlegener Miene: «Ich darf nicht zustimmen.» Er fragte nach dem Grund. Sie sagte nur, sie könne ihn ihm nicht mitteilen. Betrübt mußte er die Werbung aufgeben.

Als die Frau gegangen war, bemerkte Wen, daß die Matte so feucht war, daß man darauf nicht schlafen konnte. Daher setzte er sich hin und spielte auf dem Kin, um die stillen Nachtstunden zu vertreiben. Als es zu regnen aufhörte, verließ er das Haus.

In Wens Heimatstadt lebte ein ehemaliger Staatsrat namens Ko, der großen Gefallen an den Künsten fand. Als Wen ihn einmal besuchte, bat er ihn zu spielen. Die weiblichen Mitglieder der Familie hörten ihm hinter einem Vorhang zu. Plötzlich hob ein Windstoß den Vorhang, und Wen erblickte ein Mädchen von unvergleichlicher Schönheit. Es war Kos Tochter, die Liangkung hieß und deren dichterische Gaben man allgemein rühmte. Wen war von ihrem Anblick sehr bewegt. Als er nach Hause kam, erzählte er es seiner Mutter. Sie schickte eine Vermittlerin an Ko, dem aber Wen nicht vornehm genug war und der daher einen abschlägigen Bescheid gab.

Seit Liang-kung Wen gehört hatte, hing sie in ihrem Herzen an ihm und hoffte immer, bald wieder seinem schönen Spiele lauschen zu können. Aber Wen kam nicht mehr in Kos Haus, da seine Werbung abgelehnt worden war.

Eines Tages war Liang-kung im Garten. Da sah sie am Boden ein Papier liegen und hob es auf. Es stand ein Gedicht darauf, das überschrieben war: «Die Klage um die Spuren des Frühlings.»

Die Verse waren diese:

Der dunkle Gram macht mich wirr. Ach,
immer nur denken und denken.
Alltäglich verwirren Gedanken der Liebe
mein Herz.
Die berauschenden Rosen, die Weiden
beweinen den Frühling,

Sie fühlen das Gleiche, sie trauern ums Gleiche wie ich.
Ein altes Weh und ein neues sind nun in eines verschmolzen;
Vertrieben erscheinen sie wieder, wie Gras nach der Mahd.
Auf mir, der Einsamen, lastet mit tausend Wolken der Himmel.
Die Abende kommen, die Morgen, ich bleibe allein.
Tief gerunzelt die Brauen, die Blicke gespannt und ermattet, —
Ich hab es verworfen und wieder verworfen, umsonst!
Ich träume, und kann nicht schlafen. Dem Traum gleich zittert die Decke.
Die Seele ängstigt mir der fallende Tropfen der Uhr.
Man sagt von Nächten, von langen. Doch meine Nacht ist wie keine.
Fünf Wachen hat jede: fünf Jahre. So eil ich zum Tod.

Liang-kung las die Verse wieder und wieder und fand großen Gefallen an ihnen. Sie schrieb sie ab und legte die Abschrift auf ihren Tisch. Als sie aber nach einem Augenblick wiederkam, sah sie das Blatt, das sie beschrieben hatte, nicht mehr. Sie dachte, der Wind habe es weggeweht. Es war aber ihr Vater durch das Zimmer gegangen und hatte die Verse gesehen. Er meinte, sie seien von Liang-kung verfaßt, ärgerte sich über ihre Leichtfertigkeit und verbrannte das Blatt, ohne ihr etwas zu sagen.

Nun wollte er sie schnell verheiraten. Es traf sich zu jener Zeit, daß der Sohn des Schatzmeisters Liu um Liang-kung warb. Ko lud ihn zu sich ein. Er kam in reichem Gewande, und Ko sah mit Freuden, daß auch seine Gestalt schön war. Als er sich aber nach dem Mahle verabschiedet hatte, fand man unter seinem Sitze einen Frauenschuh. Ko sah darin ein Zeichen der üblen Sitten des Jünglings, ließ den Vermittler kommen und erzählte es ihm. Der junge Liu bestritt, daß der Schuh ihm gehörte, aber Ko wollte nicht darauf hören und lehnte die Werbung ab.

Ko hatte in seinem Garten grüne Chrysanthemen, von denen er niemandem je eine hatte geben wollen. Liang-kung pflegte sie sorgsam. Eines Tags wurden plötzlich einige Chrysanthemen in Wens Hofe grün. Seine Kameraden hörten davon und besuchten ihn, um die Blumen zu sehen. Wen liebte sie sehr; als er an einem Morgen zu ihnen kam, fand er auf dem Beete ein Blatt, darauf jenes Gedicht «Die Klage um die Spuren des Frühlings» geschrieben war. Er las es einigemal und verstand nicht, woher es gekommen sein konnte. Da er aber merkte, daß das Wort Tscheng, das ist Frühling, seinem Familiennamen glich, machte er sich besondere Gedanken darüber. Er setzte sich an seinen Tisch und schrieb scherzhafte Bemerkungen auf das Blatt. Zu gleicher Zeit aber hatte Ko erfahren, daß Wens Chrysanthemen grün geworden waren, er war erstaunt und machte ihm einen Besuch. Als er das Gedicht liegen sah, nahm er es und begann zu lesen. Wen, der sich der Scherze schämte, die er auf das Blatt geschrieben hatte, riß es ihm aus der Hand und zerknitterte es. Ko hatte nur den Anfang gelesen, aber erkannt, daß es dasselbe Gedicht war, das er im Zimmer seiner Tochter gefunden hatte. Er war sogleich voller Verdacht und überzeugt, die grünen Chrysanthemen seien Wen von Liang-kung geschenkt worden. Nach Hause zurückgekehrt, erzählte er alles seiner Frau und bat sie, die Tochter auszufragen. Liang-kung weinte bitterlich und sagte, sie wolle sterben. Was sie berichtete, war freilich nicht das, was Ko sich vorgestellt hatte; aber er dachte, man könne die Wahrheit nicht ermitteln. Auch befürchtete die Mutter, die Sache möchte ruchbar werden, und so beschlossen sie, Liang-kung mit Wen zu vermählen. Ko ließ es ihm sagen, und er hörte es mit unaussprechlichem Entzücken.

Für den Abend dieses Tags lud Wen seine Freunde zu sich. Sie sahen zusammen die Chrysanthemen an, dann brannte Wen Weihrauch und spielte auf seinem Kin. Bis tief in die Nacht hinein blieben sie beisammen. Dann ging Wen schlafen. In der Nacht hörte einer seiner Diener das Kin von selbst erklingen. Zuerst dachte er, es sei ein Scherz eines andern Dieners, merkte aber bald, daß es von keinem Menschen kam. Er lief zu seinem Herrn und erzählte es ihm. Wen ging näher heran. Der Ton war stockend, als ob jemand Wens Art zu spielen nachahmen wollte und nicht könnte. Er trat schnell mit der Lampe in der Hand hinein, aber es war niemand zu sehen. Wen nahm nun das Kin zu sich, und es blieb den Rest der Nacht über still. Er meinte, es sei ein Fuchs gewesen, der bei ihm Musik lernen wollte. Daher spielte er fortan an jedem Abend ein Lied, ließ dann das Instrument für den Unsichtbaren liegen und benahm sich in allem wie ein Lehrer. Nacht für Nacht lauschte er dem Spiel. Nach sechs oder sieben Nächten hatte der Unsichtbare schon einige Kunst erworben und es war angenehm, ihm zuzuhören.

Als Wen Liang-kung als seine Frau in seinem Hause empfangen hatte, erzählte er ihr von dem Gedicht. Da merkten sie, wie die Verbindung zustande gekommen war, aber sie konnten nicht verstehen, was sich ereignet hatte.

Liang-kung fand das Spiel des Unsichtbaren seltsam. Als sie es gehört hatte, sagte sie: «Das ist kein Fuchs. Das Spiel ist traurig und hat einen Geisterton.» Das wollte

Wen nicht glauben. Liang-kung hatte in ihrem Elternhause einen alten Spiegel, mit dem man die Bilder der unsichtbaren Geister fangen konnte. Den ließ sie am nächsten Tage holen und wartete, bis das Spiel begann. Dann nahm sie den Spiegel, trat ein und machte Licht. Da sah sie ein Mädchen, das sich verlegen in eine Ecke verkroch, bis es sich zuletzt nicht mehr verbergen konnte. Wen betrachtete es und erkannte, daß es Fang-niang aus der Familie Tschao war. Er wunderte sich und befragte sie darüber. Schluchzend antwortete sie: «Ich habe für euch die Vermittlerin gespielt und habe euch Liebe erwiesen. Warum bedrängt ihr mich so sehr?» Da verhüllten sie den Spiegel mit einem Tuch. Nun war das Mädchen beruhigt und erzählte: «Ich war die Tochter eines Präfekten und bin nun schon hundert Jahre tot. Als ich lebte, war mir von allem das Schönste, auf dem Kin und auf der Zither zu spielen. Der Zither war ich kundig, aber die Kunst des Kin habe ich nicht erlangt. Darüber klage ich in der Unterwelt. Als ich Ihr Spiel hörte, hatte ich große Sehnsucht nach Ihnen im Herzen; da ich aber ein *anderes Ding* bin, konnte ich nicht bei Ihnen bleiben. Ich habe daher heimlich für Sie diese schöne Verbindung geschaffen, um Ihnen Freude zu bescheren. Der Frauenschuh und das Gedicht kamen von mir. Diesen Lohn für den Lehrer kann man gewiß nicht als gering ansehen.» Wen und seine Frau waren ihr beide sehr dankbar und verneigten sich vor ihr. Fang-niang sagte nun zu Wen: «Ihre Kunst habe ich zur Hälfte empfangen, aber noch besitze ich sie nicht in ihrer ganzen Tiefe. Ich bitte Sie, mir noch einmal vorzuspielen.» Wen willfahrte ihrer Bitte und spielte mit aller Vollendung. Fang-niang war sehr froh und sagte: «Nun habe ich es ganz erfaßt.» Sie stand auf und wollte gehen. Aber Liang-kung, die der Zither kundig war und von Fang-niang nun ein Gleiches gehört hatte, bat sie, einmal darauf zu spielen. Sie tat es. Die Weise und der Klang waren nicht wie die auf Erden sind. Liang-kung war entzückt und bat sie, ihr etwas von diesen Melodien mitzuteilen. Fang-niang schrieb achtzehn Stücke auf und gab sie ihr, dann erhob sie sich zu gehen. Wen und Liang-kung bemühten sich, sie zum Bleiben zu bewegen, aber sie sagte traurig: «Ihr beiden seid zueinander gestimmt, aber mein Schicksal ist dünn, und ich habe kein Glück. Doch wenn die Vorsehung uns wohlgesinnt ist, werden wir uns wiedersehen.» Darauf gab sie Wen eine Rolle und sagte zu ihm: «Dies ist mein Bild. Wenn Sie meine Vermittlung nicht vergessen wollen, hängen Sie es im Schlafzimmer auf. In den Stunden der Freude brennen Sie Weihrauch vor dem Bild und spielen Sie ein Lied. Dann werde ich Ihnen dankbar sein.» Und sie verschwand.

DIE SCHWESTERN

Liu Tse-ku aus Hai-tschou kam, fünfzehn Jahre alt, nach Kai, um seinen Onkel zu besuchen. Eines Tags sah er in einem Laden ein Mädchen stehen, dessen unvergleichliche Schönheit sein Herz erfreute. Er trat, nicht ohne Scheu, ein und gab vor, einen Fächer kaufen zu wollen. Das Mädchen aber rief den Vater und trat in den Hintergrund des Ladens, worüber Liu recht sehr betrübt war. Er öffnete den Fächer, drehte ihn wie prüfend hin und her und gab ihn endlich zurück, als ob er ihm nicht gefiele.

Seither lugte er nach einer Gelegenheit aus und beobachtete den Laden. Endlich bemerkte er einmal, daß der Vater ausging. Sogleich schlich er sich hin. Das Mädchen sagte ihm, es werde den Vater holen, und

Liu konnte es davon nur mit Mühe abhalten, indem er sagte: «Nicht doch! Nennen Sie mir den Preis dieses Fächers, ich werde nicht feilschen, sondern bezahlen, wieviel Sie verlangen.» Sie nannte nun einen hohen Betrag; Liu zahlte, ohne ein Wort über die übermäßige Forderung zu sagen, und ging.

Am nächsten Tag kam er wieder, und der Vorgang wiederholte sich. Als Liu aber den Laden verlassen hatte, kam das Mädchen ihm nachgelaufen und sagte: «Kommen Sie zurück! Ich habe Sie betrogen. Ich habe von Ihnen mehr genommen, als die Gegenstände wert sind.» Mit diesen Worten gab sie ihm die Hälfte des Geldes zurück. Liu war nun noch inniger bewegt. Hinfort kam er, sooft sich ihm die Gelegenheit bot, in den Laden.

Allmählich wurden sie einander vertrauter, und einmal fragte erst sie ihn, dann er sie nach Namen und Heimat. Sie sagte, sie heiße Ah-hsiu, und Yao sei ihr Familienname. Als er diesmal gehen wollte, tat sie die Gegenstände, die er gekauft hatte, in Papier ein, dessen Ende sie, um es festkleben zu können, mit der Zungenspitze befeuchtete. Heimgekehrt, wagte Liu nicht, das Päckchen zu öffnen, denn er befürchtete, er könnte dabei das Fleckchen zerstören, das ihre Zunge berührt hatte.

Nach einem halben Monat solcher Zusammenkünfte entdeckte sein Diener das Geheimnis und riet dem Onkel, den Knaben in die Heimat zurückkehren zu heißen. So mußte Liu abreisen. Aber seither war sein Herz bedrückt, und er wußte nicht, was er beginnen sollte. Er legte die Gegenstände, die er gekauft hatte, die Parfümdosen und Taschentücher und all die Kleinigkeiten, in ein Kästchen; sooft er allein war, schloß er die Tür, öffnete das Kästchen und versank in ein tiefes Sinnen.

Im nächsten Jahr geschah es, daß er wieder nach Kai kam. Kaum hatte er seine Sachen beim Onkel untergebracht, schlich er schon zum Laden. Die Tür war geschlossen. Er ging in schwerer Enttäuschung heim, tröstete sich aber damit, Ah-hsiu würde wohl ausgegangen sein. Am nächsten Morgen war er wieder da und fand alles wie am Abend. Er fragte nun bei den Nachbarn herum und erfuhr, daß die Familie Yao, da das Geschäft keinen Gewinn brachte, vorläufig nach ihrer Heimatstadt Kuang-ning zurückgekehrt war. Die Unsicherheit, wann er das Mädchen wiedersehen könnte, verwundete Lius Herz und zersprengte seine Gedanken. Nach einigen Tagen fuhr er traurig heim.

Man redete nun von einer Heirat für ihn. Da er sich weigerte, darin seiner Mutter zu Willen zu sein, war sie erstaunt und ärgerlich. Sie verstand sein Gebaren erst, als ihr der Diener erzählte, was sich ereignet hatte. Liu wurde nun streng bewacht und durfte nicht mehr nach Kai reisen. Er verfiel in Trauer und Schwermut, aß wenig und versäumte seine Studien. Allmählich wurde die Mutter sehr besorgt um ihn und wußte sich zuletzt keinen Rat, als seinen Wünschen nachzugeben. Sie sandte ihn daher nach Kai und hieß ihn seinem Onkel die Bitte übermitteln, die Werbung einzuleiten. Der war dazu erbötig und machte dem alten Yao einen Besuch, kam aber schon nach kurzer Zeit zurück und sagte zu Liu: «Es steht schlimm. Ah-hsiu ist schon einem Mann aus Kuang-ning versprochen.»

Liu war trostlos, da er seine Hoffnung vernichtet sah. Als er heimgekehrt war, ging er zum Kästchen und weinte bitterlich.

Lange lebte er in seinem Kummer dahin. Dann aber erwachte in ihm der Gedanke, ob er wohl irgendwo in der Welt eine Ähnliche finden könnte. Da kam gerade die Heiratsvermittlerin ins Haus und begann, die Schönheit einer Tochter der Familie Huang aus Fu-tschou zu preisen. Liu wollte ihrem Loblied nicht recht trauen, erklärte, er wolle es selber nachprüfen, und machte sich auf den Weg nach Fu-tschou. Als er durch das Westtor in die Stadt trat, sah er plötzlich in einem Hause, dessen nach Nord gerichtete Türflügel halb geöffnet waren, ein Mädchen stehen, das Ah-hsiu glich. Er blinzelte mit den Augen, ging einige Schritte weiter und sah sie wieder unverwandt an. Vom Zweifel erfaßt, erkundigte er sich bei einem Nachbarn und erfuhr, die Familie, die in diesem Hause wohne, heiße Li. Ganz versonnen fragte er sich selber: «Kann es auf Erden so große Ähnlichkeit geben?»

Mehrere Tage vergingen, ohne daß er zu der, die er gesehen hatte, einen Weg finden konnte. Alltäglich wartete er vor ihrem Hause und hoffte, sie würde wieder an die Tür kommen. Und eines Abends geschah es, daß die Tür sich öffnete und das Mädchen heraustrat. Als sie Liu erblickte, deutete sie auf den rückwärtigen Teil des Gebäudes, legte die Hand auf die Stirn und ging wieder hinein. Liu war beglückt, aber er verstand nicht, was die Gebärde meinte. Nachdenklich umging er das Haus und fand dahinter einen verwilderten Garten mit einem verfallenen Gebäude darin, der vom Hause durch eine schulterhohe Mauer getrennt war. Nun verstand er, was das Mädchen gemeint hatte, und verbarg sich im Gebüsch. Nach einiger Zeit erschien ein Kopf über der Mauer, und Liu hörte ein leises «Komm!» Er stand auf und sah das Mädchen vor sich. Er blickte ihr lange ins Gesicht: es war Ah-hsiu. Da stöhnte er schmerzlich auf, und die Tränen flossen in Schnüren aus seinen Augen. Das Mädchen beugte sich über die Mauer und trocknete wie zum Trost seine Tränen mit ihrem

起情氣無心露影

Taschentuch. Liu sagte: «Alle Pläne, die ich gehegt habe, um dich zu gewinnen, sind nicht in Erfüllung gegangen. Ich wähnte schon, für dieses Leben sei alles zwischen uns vorbei. Ich träumte nicht davon, daß wir einander an diesem Abend begegnen würden. Wie bist du hierher gekommen?» Sie antwortete: «Herr Li ist mein Onkel.» Liu bat sie, über die Mauer zu steigen. Sie sagte: «Nimm hier Wohnung. Ich werde dann zu dir kommen.» Liu tat, wie sie ihm geboten hatte. Er mußte nicht lange warten. Als sie kam, sah er, daß sie das gleiche schlichte Kleid wie einst trug. Er lud sie ein, sich zu setzen, und erzählte ihr, wie erbärmlich er sich nach ihr sehnte. Dann fragte er sie, wie es zugehe, daß sie, wiewohl so lange verlobt, noch nicht vermählt sei. Sie antwortete: «Die Nachricht, ich sei verlobt, war falsch. Mein Vater wollte mich dir nicht geben, weil er meinte, deine Heimat sei zu weit von der unsern gelegen. Jenes hat dir dein Onkel offenbar deshalb vorgelogen, um deiner Hoffnung ein Ende zu machen.» So besprachen sie sich; dann aber lagen sie umschlungen beieinander, zu beider unaussprechlicher Freude. Um die vierte Nachtwache stand das Mädchen auf und ging.

Von dieser Zeit an war Liu wie ein Wiederbelebter und hatte all seine bitteren Gedanken vergessen. Er lebte schon einen halben Monat an dem Orte, ohne an die Heimkehr zu denken; da ereignete es sich, daß sein Diener eines Nachts aufstand, um das Pferd zu füttern, und dabei in Lius Zimmer noch Licht brennen sah. Er schaute zum Fenster hinein und erblickte das Mädchen. Er war bestürzt, wagte aber nicht, seinen Herrn zu befragen, sondern stellte am nächsten Tag in der Stadt eine Nachforschung an. Als er heimgekehrt war, fragte er Liu: «Wer ist es, mit dem Sie in der Nacht beisammen waren?» Als Liu nicht antworten wollte, sagte der Diener: «Dies ist eine öde und einsame Gegend. Geister und Füchse haben hier ihr Versteck. Nehmen Sie sich vor ihnen wohl in acht. Das kann nicht Fräulein Yao gewesen sein.» Liu sagte errötend: «Der Nachbar von der Westseite ist ihr Onkel. Da gibt es keinen Grund zu solchem Verdacht.» Aber der Diener berichtete: «Ich habe mich umgetan und geforscht. Das östliche Nachbarhaus ist nur von einer alten Frau bewohnt. Die Familie des westlichen Nachbarhauses hat nur einen kleinen Sohn. Es ist nicht anders: Sie müssen einem Geiste oder einer Füchsin begegnet sein. Wie ginge es sonst zu, daß sie noch dasselbe Kleid wie einst trägt? Auch ist ihr Gesicht bleich, ihre Wangen eingefallen, und wenn sie lacht, hat sie keine Grübchen wie Ah-hsiu.» Liu dachte nach und sagte geängstigt: «Was soll man nun tun?» Der Diener erklärte, er wolle, wenn sie am Abend wiederkäme, mit der Waffe auf sie eindringen.

Am Abend kam das Mädchen und sprach sogleich zu Liu: «Ich weiß, daß du einen Verdacht gegen mich hegst. Ich aber habe nichts andres getan, als daß ich die uns zweien vorbestimmte Vereinigung erfüllte.» In diesem Augenblick stürzte der Diener ins Zimmer. Sie sagte gebieterisch: «Tue die Waffe weg. Mache Wein zurecht, denn ich will mit deinem Herrn das Abschiedsmahl halten.» Dem Diener entfiel die Waffe, als hätte sie ihm einer aus der Hand gerissen. Lius Angst stieg, aber er ließ eilig das Mahl bereiten. Das Mädchen sah ihn mit dem mutwilligen Lächeln an, das ihr eigen war, und sagte: «Da du mir dein Herz gezeigt hattest, dachte auch ich daran, dir meine Liebe zu offenbaren. Du aber läßt mich bewachen, als wäre ich ein Scheusal. Wiewohl ich nicht Ah-hsiu bin, meinte ich bislang, ich sei nicht weniger schön als sie. Hast du es anders gesehen?» Liu konnte vor Verlegenheit und Furcht den Mund nicht öffnen. Beim Schlag der dritten Nachtwache trank sie ihren Becher aus, stand auf und sagte: «Ich gehe jetzt von dir. Am Tage deiner Hochzeit aber werde ich wieder bei dir sein und mich deiner Liebsten vergleichen, zu sehen, welche von uns die Schönere ist.» Sie kehrte ihm den Rücken zu und verschwand.

Liu vertraute den Worten der Füchsin und reiste nach Kai. Da er glaubte, sein Onkel habe ihn getäuscht, wohnte er nicht bei ihm, sondern in der Nähe des Hauses, in dem die Familie Yao lebte. Er beauftragte eine Vermittlerin, der er ein ansehnliches Geschenk versprach, jener seine Werbung zu überbringen. Aber Frau Yao sagte ihr, ihre Tochter sei der Verlobung wegen mit ihrem Vater in Kuang-ning, und sie selbst wisse nicht, wie die Sache ausgegangen sei; man müsse die Heimkehr der beiden abwarten, dann würde man vielleicht weiterreden können. Als Liu dies erfuhr, wußte er nicht, was er beginnen sollte; endlich beschloß er, in Kai zu bleiben. Nach einiger Zeit hörte er plötzlich sagen, bald würde ein Bürgerkrieg ausbrechen, aber er meinte, es sei ein leeres Gerücht. Es währte jedoch nicht lang, da steigerte sich die Gefahr so sehr, daß er die Stadt verlassen mußte. Er fand das ganze Land im Aufstand. Im Getümmel verlor er seinen Diener und wurde bald darauf von Kundschaftern des feindlichen Heeres gefangen genommen. Da sie sahen, daß er zart und schwach war, wurde er nicht sehr streng bewacht, und so gelang es ihm, ein Pferd zu stehlen und darauf zu entfliehen.

Als er an der Grenze von Hai-tschou angelangt war, erblickte er ein Mädchen in zerzaustem Haar, das sich mühselig weiterschleppte. Als er vorbeiritt, hörte er sie rufen: «Ist das nicht Herr Liu?» Er hielt die Zügel an und sah sich um. Es war Ah-hsiu. Er fragte sie ängstlich: «Sind Sie die wirkliche Ah-hsiu?» Sie verstand seine Worte nicht, und er erzählte ihr nun, was ihm begegnet war. Sie sagte: «Ich bin die rechte Ah-hsiu. Mein Vater war mit mir nach Kuang-ning gekommen; da brach der Aufstand aus, und ich wurde geraubt. Man gab mir ein Pferd, aber ich fiel Mal um Mal zu Boden und mußte nun zu Fuß weiter gehen. Da kam plötzlich ein Mädchen zu mir herangeschritten, das faßte meine Hand und flog mit mir mitten durch die Reihen des Heeres, ohne daß einer uns anhielt. Ihr Schritt war schnell wie das Jagen eines Rosses. Ich weiß nicht, wie ich ihr gefolgt bin. Einigemal strauchelte ich, und die Schuhe fielen mir von den Füßen. Nach einer Zeit merkte ich, daß das Tosen der Truppen nur noch wie ein fernes Geräusch zu hören war. Da ließ sie meine Hand los und sagte: ‚Ich muß nun von dir scheiden. Der Weg vor dir ist ohne Gefahr, du darfst langsam gehen. Der dich liebt wird bald kommen und dich heimholen.‘ Dann verschwand sie.» Liu wußte, daß dies die Füchsin gewesen war, und dankte ihr in seinem Herzen. Er erzählte Ah-hsiu nun, weshalb er in Kai verweilt hatte, und sie ihm, ihr Vater habe einen Mann namens Fang zu ihrem Bräutigam bestimmt, aber ehe die Verlobung stattgefunden hätte, sei der Aufstand ausgebrochen; woraus Liu ersah, daß die Rede seines Onkels nicht trügerisch gewesen war. Er setzte nun Ah-hsiu auf sein Pferd, und so ritten sie beide nach Hause.

Liu fand seine Mutter bei guter Gesundheit und erzählte ihr alles, was sich begeben hatte. Die Mutter war erfreut, Ah-hsiu zu sehen. Sie brachte ihr Wasser, und Ah-hsiu wusch sich und kleidete sich um. Als sie fertig war, sah man erst ganz ihre leuchtende Schönheit, und die Mutter sagte mit erhöhter Freude: «Es nimmt mich nicht wunder, daß mein närrischer Junge auch noch im Traum an dich dachte.» Sie machte ihr ein Bett neben dem ihren zurecht und sandte einen Boten nach Kai mit einem Brief an Herrn Yao. Nach einigen Tagen kamen Herr und Frau Yao, und man setzte einen glückbringenden Tag für die Vermählung fest.

Am Hochzeitstage öffnete Liu das Kästchen, nahm das bisher unberührte Päckchen und löste den Verschluß. Da war statt der

Schminke, die er gekauft hatte, rote Erde darin. Er war erstaunt, aber Ah-hsiu lachte und sagte: «Nun ist mein Betrug aus jener Zeit ans Licht gekommen. Da ich damals bemerkte, daß du die Gegenstände, die verpackt werden sollten, gar nicht beachtetest, wollte ich dir einen Streich spielen.» Als die beiden so lachend und scherzend beieinander saßen, teilte sich plötzlich der Vorhang und eine Stimme sagte: «Ihr seid so fröhlich beisammen, nun sollt ihr mir auch dafür danken.» Liu sah hin, da stand eine zweite Ah-hsiu vor ihm. Er rief eilig seine Mutter herbei. Sie kam mit den andern Hausgenossen, aber keiner konnte die beiden Frauen unterscheiden. Liu selbst war vom Hin- und Herschauen unsicher geworden und mußte sich besinnen, endlich verneigte er sich vor der Füchsin und dankte ihr. Sie ließ sich einen Spiegel geben; aber kaum hatte sie sich darin erblickt, lief sie voll Scham hinaus. Man folgte ihr, aber sie war verschwunden. Liu und seine Frau errichteten ihr zum Dank und Gedächtnis eine Tafel im Hause.

Eines Abends zur Dämmerzeit kam Liu leicht berauscht heim. Als er im Zimmer

Licht machen wollte, ging Ah-hsiu an ihm vorbei. Er nahm sie in seine Arme und fragte sie, wohin sie gehe. Sie sagte lächelnd: «Erst bringst du den leidigen Weingeruch heim und dann fragst du noch, wohin ich gehe. Meinst du wohl, ich wolle dir entfliehen?» Liu faßte sie lachend am Kinn. Sie fragte: «Wen findest du schöner, mich oder die Füchsinschwester?» Liu antwortete: «Du bist schöner. Ihre Haut läßt sich der deinen nicht vergleichen.» Dann schlossen sie die Tür und genossen einander in tiefer Umschlingung. Nach einer Weile klopfte jemand an die Tür. Die Frau erhob sich und sagte lächelnd: «Du bist mir aber ein Hautphysiognomiker.» Liu verstand nicht, was sie meinte, und öffnete die Tür. Draußen stand Ah-hsiu. Er war ganz verwirrt und begriff erst allmählich, daß die, mit der er geredet hatte, die Füchsin war. In der Finsternis hörten sie noch ihr Lachen, aber als sie hinsahen, war niemand da. Sie verneigten sich beide gegen den leeren Raum und baten sie, zu erscheinen. Da sagte ihre Stimme: «Ich will Ah-hsiu nicht sehen.» Als sie sie nun fragten, warum sie, wenn sie die Ähnlichkeit nicht ertragen könnte, nicht eine andere Gestalt annähme, sagte sie: «Ich kann nicht.» Sie fragten nach der Ursache. Die Füchsin erzählte: «In einem früheren Leben war Ah-hsiu meine jüngere Schwester. Sie starb in frühem Alter. Als sie noch lebte, nahm uns einmal unsere Mutter in den himmlischen Palast mit, wo die Mutterkönigin des Westens ihren Hof hält. Deren Antlitz gefiel uns, und wir nahmen uns vor, die unseren ihm gleich zu machen. Meine jüngere Schwester war geschickter als ich: nach einem Monat schon glich sie der Fee. Ich habe mich drei Jahre lang abgemüht, und es ist mir nicht völlig geglückt. Jetzt sind wir in einem andern Leben, und ich meinte, ich sei schöner geworden, aber ich bin noch wie ich war. Dennoch will ich, da eure Liebe mein Herz berührt hat, zuweilen zu euch kommen. Diesmal aber muß ich gehen.»

Seither kam sie oft zu den beiden. Sie wußte auf alle schweren Fragen Bescheid. Wenn Ah-hsiu zu Besuch bei ihren Eltern war, blieb sie manchmal einige Tage lang bei Liu. Die Hausgenossen wichen ihr scheu aus. Als einst ein Gegenstand abhanden gekommen war, ließ sie die Dienerschaft versammeln, trat stattlich angetan und mit gebieterischen Mienen vor sie und sagte, man solle das Gestohlene an einen bestimmten Ort, den sie angab, bringen; wenn es nicht geschähe, würde der Dieb schlimmen Schmerzen verfallen und seine Reue würde zu spät kommen. Am nächsten Tag wurde der vermißte Gegenstand an dem Orte, den sie genannt hatte, gefunden.

Nach drei Jahren blieb sie einmal aus und kam nicht wieder.

WIEDERGEBURT

Im Hause des Staatsrats Tschang zu Weï-nan gingen Geister und Dämonen um, die durch ihren Zauber die Hausgenossen gefährdeten. Aus diesem Grunde verließ die Familie Tschang ihr Wohnhaus. Nur ein alter Diener blieb zurück, um das Haus zu hüten. Er verstarb jedoch nach kurzer Frist. Man schickte einen jüngeren Diener hin, aber auch dieser verschied bald darauf. Das gleiche wiederholte sich bei mehreren Personen der Dienerschaft des Herrn Tschang. Nun gab man es auf, das Haus bewachen zu lassen, und der alte Wohnsitz blieb fortan völlig verlassen.

In derselben Gegend lebte zurzeit ein gewisser Dao Wang-san, ein junger Mann von ernster Haltung. Es fügte sich, daß dieser einmal eine Nacht im Hause des Staatsrats verbrachte. In dieser Nacht kam eine der jungen Mägde zu ihm geschlichen. Er zeigte sich unbewegt und verwies sie von seinem Lager. Der Vorfall blieb nicht verschwiegen und war geeignet, die Achtung seiner Gastgeber für ihn zu vermehren.

Dao war arm und besaß keine wohlhabenden Verwandten, von denen er hätte Hilfe erbitten können. Er hauste in einer kleinen, armseligen Wohnung, die ihm im Sommer durch unerträgliche Hitze zur Qual wurde. Daher bat er den Staatsrat, ihm einen Raum in dem unbewohnten Hause zum Aufenthalt zu gewähren. Der aber verweigerte es ihm, der Gefahr halber, die ihm durch die Nähe der Geister drohte. Da schrieb Dao einen Aufsatz, «Die Nichtexistenz der Geister» benannt, und zeigte ihn dem Staatsrat, um ihm zu beweisen, daß man in den verlassenen Räumen nichts zu fürchten habe. Er unterstützte diese Ausführung mit drängenden Bitten und bewirkte so, daß sein Gönner nachgab. Nunmehr ging Dao hin und wählte unter den Gemächern einen Saal als für sich geeignet aus, den er, so gut er es vermochte, einrichtete. Noch am selben Abend trug er einen Teil seiner Bücher hin, kehrte jedoch noch einmal nach seinem alten Hause zurück, um andere notwendige Gegenstände abzuholen. Als er wiederkam, waren die Bücher verschwunden. Sehr verwundert über dieses Ereignis, legte er sich auf ein Sofa und wartete ganz stille ab, was fernerhin geschehen würde. Bald vernahm er ein Geräusch von Schritten, und aufblikkend sah er aus dem inneren Gemach zwei Mädchen in sein Zimmer treten, die die vermißten Bücher auf seinen Schreibtisch zurücklegten. Die eine mochte ungefähr zwanzig Jahre alt sein, die andere etwa siebzehn oder achtzehn, und beide waren lieblich anzusehn. Vor dem Sofa, auf dem Dao lag, blieben sie stehen und ihn anblickend begannen sie zu lachen. Dao blieb indes unbeweglich liegen. Da hob die Ältere ihren Fuß und berührte damit Daos Körper, während die Jüngere ihr Lachen hinter der vorgehaltenen Hand barg. Dao fühlte sein Herz bewegt und war bang um seine Beherrschung. Er sammelte seine Gedanken um ernste Dinge und wandte den Mädchen keinen

Blick zu. Da rührte die Ältere mit der einen Hand an seinen Bart und schlug mit der anderen sacht auf seine Wange, so daß es leise klatschte, worauf die Jüngere noch mehr lachte. Nun erhob Dao sich plötzlich und schrie ihnen heftig entgegen: «Was nehmt ihr euch heraus, ihr Hexenpack!» Erschreckt stoben die Mädchen davon. Dao aber fürchtete sehr, die ganze Nacht unter ihren Belästigungen zu leiden, und überlegte, ob er nicht in sein früheres Heim zurückkehren solle. Doch überwog die Scham seine Bedenken, als er der Worte gedachte, mit denen er den Staatsrat bewogen hatte, ihm das Haus zu überlassen. So entzündete er die Lampe und beugte sich über seine Bücher, die Augen ängstlich auf die Seiten geheftet, damit sie nicht etwa in den dämmernden Ecken des Raumes die Umrisse der Geister entdeckten. Als die Mitternacht herankam, legte er sich beim Schein einer Kerze auf sein Bett. Im ersten Halbschlummer schon fühlte er an seiner Nase eine leise neckende Berührung, die ihn heftig zum Niesen reizte, und vernahm im Dunkel verklingend ein Kichern. Eine Weile harrte er still liegend, indem er sich fest schlafend stellte. Da schlich die Jüngere heran, stahl sich an seinen Schreibtisch und knüllte dort die Papiere zusammen. Dao sprang scheltend auf und sie lief davon. Kaum war er wieder eingeschlafen, kitzelte ihn jemand am Ohr. So verbrachte er die ganze Nacht. Das Treiben steigerte sich zur unerträglichen Lästigkeit. Nach dem ersten Hahnenkrähen herrschte völlige Ruhe, und nun erst genoß er seinen friedlichen Schlaf.

Der folgende Tag verlief ruhig bis zum Sonnenuntergang. Um diese Stunde erfaßte Dao ein Vorgefühl, daß die Geister auch in dieser Nacht erscheinen würden. Er beschloß, die ganze Nacht wachend zu verbringen, und schickte sich an, seinen Haushalt zu bestellen. Später begann er zu lesen. Da erschien die Ältere der beiden, trat zu ihm an den Tisch, und den Kopf in die Hand stützend, beugte sie sich allmählich über Daos Buch. Plötzlich aber klappte sie es mit einem Ruck zu. Dao geriet in Zorn und haschte nach ihr, die sich ihm eilig entzog und verschwand. Nach einer Weile kam sie wieder. Dao hielt sein Buch mit beiden Händen fest und las weiter. Doch nun schlich sich unbemerkt die Jüngere hinter ihn, deckte ihm mit ihren beiden Händen die Augen zu, gab ihn dann frei und hielt erst in sicherer Entfernung inne, um in ihr Gelächter auszubrechen. Dao wies wütend mit dem Finger auf sie und schalt: «Kleine Hexe du, warte, wenn ich dich bekomme, umbringen werde ich dich!» Bald war ihre Scheu wieder gewichen; da sprach er scherzend: «Ihr Mädchen, was nützt es euch, mich zu bedrängen, ich verstehe gar nicht mit Frauenzimmern umzugehen!» Da lächelten sie und liefen in die Küche, wo sie Feuer anschürten, Reis wuschen und die Speise gar kochten. Dao redete ihnen lobend zu: «Ei, ei, wie artig versteht ihr das zu machen!» In einem Augenblick war der Reis bereitet, und wetteifernd trugen sie Löffel, Stäbchen und Schüssel auf den Tisch. «Wie soll ich euch meine Dankbarkeit bezeigen?» fragte Yao. Eine von ihnen erwiderte neckend: «Sehen Sie sich vor, es ist Gift zu der Speise gemischt!» Doch Dao sagte: «Wie soll ich das glauben, lebe ich doch nicht in Feindschaft mit euch!» Als er aufgegessen hatte, füllten sie seine Schüssel wieder, und Dao freute sich ihres Eifers, ihm zu dienen. So geschah es nun fortan. Dao geriet in engere Bekanntschaft mit den Mädchen, und einmal fragte er nach ihren Namen. Die Ältere sprach: «Ich heiße Tschiao Tschiu-jung und sie, Hsiao-sië, ist aus der Familie Yüan.» Er aber fragte des Näheren nach ihrer Herkunft. Hsiao-sië sagte lächelnd: «Närrischer Herr, der Sie selbst Ihre Herkunft nicht anzugeben wagen, wer heißt Sie nach unserm Namen und unserer Herkunft fragen, als ob Sie uns zu heiraten gedächten?» Dao erwiderte ernsthaft: «Wie sollte ich keine Liebesgedanken hegen vor so schönen Frauen! Es ist nur, daß ich zu sterben fürchte, getroffen von dem dunklen Prinzip. Wenn ihr ungern bei mir bleibt, könnt ihr gehen, wenn gern, könnt ihr bleiben. Wenn ihr nicht Gefallen an mir findet, will ich mich euch nicht nähern. Wenn ihr aber Liebe zu mir fühlt, warum wollt ihr mich von Liebe Verstörten töten?» Da waren die Mädchen im Herzen bewegt. Von nun an erschienen sie seltener. Eines Tags schrieb Dao ein Buch ab und ließ beim Weggehn die begonnene Arbeit liegen. Heimkehrend fand er Hsiao-sië am Tische über seiner Arbeit sitzen. Als sie ihn wahrnahm, legte sie den Pinsel beiseite und lächelte ihm zu. Er trat heran, betrachtete ihre Schrift und fand, daß sie, obwohl häßlich und ungelenk, doch mit sichtbarer Mühe Zeile für Zeile ordentlich und gerade hingesetzt war. Er lobte sie: «Du bist sehr geschickt, und wenn es dir Freude macht, will ich dich unterrichten.» Er hob sie auf seine Knie, und ihre Hand mit der seinen umschließend, lehrte er sie schreiben. Tschiao Tschiu-jung trat herein und schnitt eine Grimasse, als ob sie eifersüchtig wäre. Hsiao-sië sprach lächelnd: «Als kleines Mädchen habe ich bei meinem Vater schreiben gelernt, aber nun, da ich so lange ohne Übung blieb, habe ich alles verlernt.» Tschiu-jung verharrte schweigend. Dao aber, ihr Gefühl erratend, zog sie in seinen Arm und sagte, indem er ihre Hand mit dem Pinsel führte: «Wir wollen nun sehen, wie es Ihnen gelingt.» So ließ er sie einige Zeilen schreiben, erhob sich dann und sagte: «Tschiu-jung schreibt gut und kräftig.» Tschiu-jung strahlte vor Freude. Dao gab nun jeder eine Vorlage und hieß sie nachschreiben. Er selbst studierte bei einer anderen Lampe und war froh, daß sie über ihrer Beschäftigung der Neckereien vergaßen. Als sie geendet hatten, traten sie an seinen Tisch und erwarteten seine Kritik. Tschiu-jung aber konnte nicht lesen, daher war ihre Handschrift eine sinnlose Reihe von Kritzeleien, und so stand sie beschämt da und richtete sich erst unter Daos ermutigendem Lobe auf. Von nun an verehrten die beiden Mädchen ihn wie einen Lehrer und überboten sich, ihre einstigen Torheiten verschmähend, ihm jeglichen Dienst zu erweisen. Nach einer Weile, als Hsiao-sië bereits leidlich schreiben gelernt hatte und Dao sie darüber lobte, brach Tschiu-jung voller Scham in Tränen aus, die unaufhaltsam wie ein Sturzbächlein über ihr schönes Gesicht niederrannen. Selbst Daos Trost konnte sie kaum beruhigen. Später erteilte Dao den Mädchen Unterricht im Lesen. Darin zeigten sie sich so geschickt, daß sie alles nach einmaliger Erklärung, ohne jedes weitere Fragen verstanden. Dao las mit ihnen oft tief bis in die Nacht hinein. Hsiao-sië brachte nunmehr auch einen jungen Bruder mit zum Unterricht, Son-long mit Namen, der etwa fünfzehn bis sechzehn Jahre zählte und von reizendem Aussehen war. Dao ließ ihn mit Hsiao-sië einen Klassiker lesen, und fortan war der Saal wie ein Schulzimmer: als ob einer Geisterschule hielte. Der Staatsrat erlangte Kenntnis von diesen Vorgängen, war erfreut und wies Dao zuweilen Gehalt für seine Mühe an. Nach einigen Monaten hatten Tschiu-jung und Son-long erlernt, Gedichte zu machen, und fügten ihre Verse zu Reihen aneinander. Geschah es, daß Hsiao-sië heimlich Dao bat, er möchte doch Tschiu-jung nimmer lehren, so stimmte er zu, und wollte Tschiu-jung ihn bewegen, Hsiao-sië ohne Belehrung zu lassen, so tat er das Gleiche. Nun aber kam die Zeit heran, da Dao zum Examen gehen mußte. Weinend nahmen die Mädchen Abschied von ihm. Son-long fürchtete, es möchte Dao ein Unglück widerfahren, und wollte ihn bereden, sich mit einer Entschuldigung dem Examen zu entziehen. Dao aber empfand Scham, so zu tun, und ging zum Examen.

In der Stadt aber lebte ein Mann, Mitglied einer angesehenen Familie, der haßte Dao und war bedacht, ihm Schaden zuzufügen. Dao hatte ihn vorzeiten durch Spottgedichte, die er auf ihn verfaßte, schwer beleidigt. Dieser Feind wollte die Gelegenheit des Examens nutzen, bestach den Prüfungskommissar, und so wurde Dao unter der Anschuldigung, die Aufsatzthemen sich betrügerischerweise angeeignet zu haben, ins Gefängnis gesetzt. Mittellos und verlassen, wußte er nicht anderen Rat, sein Leben zu fristen, als seine Mitgefangenen um Essen zu bitten. Vor Scham und Verzweiflung wollte er sterben. Plötzlich trat jemand mit leichten Schritten, wie schwebend, an ihn heran. Es war Tschiu-jung, die ihm Speise reichte. Unter Schluchzen schaute sie ihn an und sagte: «Das Unglück, von Son-long geahnt, ist nun zur Wirklichkeit geworden. Son-long ist mit mir gekommen, um vor Gericht Gerechtigkeit für Sie zu begehren!» Sie entfernte sich nach diesen Worten. Sie war, außer von Dao, von keinem der Anwesenden gesehen worden. Tags darauf, als der Richter ausging, trat Son-long ihm entgegen und rief ihn um Gerechtigkeit an. Man hielt ihn fest. Tschiu-jung kam zu Dao, um ihm diese Nachricht zu bringen, lief aber eilig wieder fort, Weiteres zu erfahren. Während dreier Tage erschien sie Dao nicht mehr. Er litt entsetzlichen Hunger, und ein Tag wurde ihm lang wie ein Jahr. Da kam Hsiao-sië; sie war wie eine Gebrochene und schien vor Müdigkeit umzusinken. Sie erzählte ihm, daß Tschiu-jung, als sie vor drei Tagen ihn verlassen hatte, im Weggehen vor dem Tempel des Stadtgottes von dem schwarzen Unterweltrichter in der westlichen Halle überfallen und weggeschleppt worden sei. Der Richter wolle sie zur Nebenfrau nehmen und halte sie nun um ihrer Weigerung willen gefangen. Hsiao-sië sagte weiter, daß sie selbst hundert Li gelaufen und sehr müde sei, da sie im nördlichen Vorort auf dem Wege sich die Fußsohle an einer Distel schmerzhaft verletzt habe. Sie fürchte, ihn nicht so bald wieder besuchen zu können. Dabei wies sie ihm die blutende Wunde. Dann gab sie ihm noch drei Taels in Gold und ging hinkend von dannen.

Indessen wurde Son-long zum Verhör gerufen. Da er ohne Berechtigung in Daos Sache, die ihn nichts anging, ein Schreiben eingereicht hatte, verurteilte ihn der Richter zu Schlägen. Son-long aber warf sich zur Erde und entschwand. Der Richter, von der Seltsamkeit des Vorfalls betroffen, las das zurückgelassene Schreiben und fand sich von den Worten tief gerührt. Er ließ noch einmal Dao vor sich kommen und befragte ihn, wer Son-long sei. Dao gab an, daß er darüber nichts wisse. Der Richter, nunmehr von Daos Unschuld überzeugt, sprach ihn frei. Dao kehrte in sein Heim zurück und blieb den Abend allein. Nach der ersten Nachtwache kam Hsiao-sië und erzählte ihm, daß Son-long, als er vor dem Richter so plötzlich entschwand, von dem Stadtgott vor das Gericht der Unterwelt gebracht worden sei. Um seiner Treue willen habe der oberste Richter der Unterwelt Son-longs Wiedergeburt in einer vornehmen Familie beschlossen. Tschiu-jung liege noch im Gefängnis. Zwar habe sie ein Schreiben verfaßt und dem Stadtgott übermitteln lassen, doch habe es der Richter, der sie geraubt hatte, zurückgehalten, und so bliebe sie ohne Rat. Dao schrie vor Zorn auf: «Warte, schwarzer Teufel, ich will deinen Übermut dämpfen! Morgen gehe ich hin, dein Standbild zu zertrümmern, daß es in Staub zerfällt. Ich muß den Stadtgott tadeln, der solche Grausamkeit seiner Diener ungestraft läßt!» Betrübt saßen sie beisammen. Schon ging die vierte Nachtwache zu Ende, da trat Tschiu-jung zu ihnen. Voll Schrecken und Freude fragten sie, wie es ihr gelungen sei, zu entweichen. Weinend sprach Tschiu-jung: «Wieviel, mein Freund, habe ich um Ihretwillen gelitten! Täglich hat der Richter mich mit Schwert und Rute bedroht. Heute abend aber gab er mich frei und sagte mir, daß nur die Liebe ihn zu allem bewogen habe. Er wolle mich nicht länger betrüben, auch wenn ich ihm nicht zu Willen sei. Ihnen, Dao, läßt er sagen, Sie möchten ihn nicht verdammen.» Dao fühlte sich vom Leid befreit und bat die Mädchen, ihm ihre Liebe zu schenken, indem er sprach: «Heute bin ich bereit, durch euch zu sterben!» Die Mädchen aber erwiderten voll Trauer: «Sie haben uns gelehrt, Sie haben uns in der Ge-

rechtigkeit und der Vernunft unterwiesen, wie könnten wir Ihnen den Tod bringen? Um unserer Liebe willen dürfen wir Ihnen Liebe nicht gewähren.» Zuletzt aber gaben sie sich doch seiner und ihrer Liebe hin. Fortan lebten sie miteinander, jedes gleichsam die Arme um den Nacken der beiden andern gelegt. In der gemeinsam erlittenen Not hatten die Mädchen all ihre Eifersucht verloren.

Eines Tags traf Dao einen Priester auf der Straße, der hielt ihn an und warnte ihn, daß er Geisteratmosphäre um sich trüge. Dao erstaunte über seine Rede und erzählte ihm alles. «Ihre Geister sind sehr gütig», sagte der Priester. «Seien Sie bedacht, die Güte zu vergelten?» Er reichte ihm zwei Zaubersprüche und wies ihn also an: «Geben Sie jedem der beiden Mädchen einen der Sprüche. Geschieht es einmal, daß Sie vor Ihrem Hause von irgend einem Menschen die Totenklage um eine verstorbene Tochter vernehmen, so mögen die Mädchen den Zauberspruch verschlucken und aus dem Hause eilen. Die zuerst ankommt, wird das Glück haben, wieder in das Leben einzugehn.» Heimgekehrt, tat Dao, wie der Priester ihm angeraten hatte. Nach Monatsfrist vernahm man in der Tat, wie jemand auf der Straße um eine verstorbene Tochter klagte. Die Mädchen eilten hinaus. Hsiao-sië aber vergaß in der Eile, den Zauberspruch zu schlucken. Ein Leichenbegängnis zog an der Tür vorbei. Tschiu-jung ging gerades Wegs auf den Sarg zu und verschwand in ihm. Hsiao-sië konnte nicht in den Sarg eingehen und kehrte weinend zurück. Dao war vor das Haus getreten und hatte bemerkt, daß das Leichenbegängnis von der Familie Hou veranstaltet wurde, der eine Tochter verstorben war. Alle, die zugegen waren, hatten das fremde Mädchen in den Sarg steigen sehen. Während sie noch, der Verwunderung hingegeben, verweilten, vernahm man eine Stimme aus dem Sarge. Man ließ ihn zur Erde nieder, öffnete und fand, daß das tote Mädchen wieder ins Leben zurückgekehrt war. Man hob sie auf und führte sie ins nächste Haus, das eben das Daos war. In seinem Studierzimmer weilte sie nun, bewacht von ihren Verwandten. Unvermittelt begehrte sie nach

Dao. Frau Hou fragte sie, woher ihr dieses Verlangen komme, das Mädchen aber antwortete, es scheine nur, doch sei es nicht Frau Hous Tochter, und erklärte ihr den Hergang dieser Dinge. Herr Hou jedoch, ungläubig, wollte diese Wendung nicht anerkennen und bestand darauf, das Mädchen in sein Haus zurückbringen zu lassen. Da ging das Mädchen in Daos Zimmer, warf sich auf sein Lager und war nicht zu bewegen, sich zu erheben. Die Eltern Hou sahen sich also gezwungen, Dao als ihren Schwiegersohn anzuerkennen. Dann kehrten sie heim.

Dao betrachtete nun das Mädchen in der Nähe und fand es nicht minder schön, obwohl das vertraute Antlitz sich in ein anderes verwandelt hatte. Tschiu-jung, glückstrahlend, beschrieb Dao ihr Erlebnis. Indes sie sprachen, ertönte in ihrer Nähe ein geisterhaftes Weinen. Es war Hsiao-sië, die im Dunkel leise klagte. Voll Erbarmen erhoben sie sich und traten mit der Lampe zu ihr. Ihr Leid war erschütternd, die Ärmel ihres Kleides waren feucht von ihren Tränen, unaufhaltsam ergoß sich die Klage aus ihrem Herzen. Gegen Morgen entschwand sie.

Tags darauf erschienen Dienerinnen und überbrachten Dao die Aussteuer der Tochter der Familie Hou. So wurde er in Wirklichkeit in aller Form Schwiegersohn der Familie Hou.

Als Dao und seine Frau des Abends ihr Schlafzimmer betraten, tönte ihnen Hsiaosiës Weinen entgegen. So geschah es sieben Nächte. Betrübnis war bei ihnen, und die Freude der Jungvermählten blieb ihnen fern. «Geh noch einmal zum Priester und bitte ihn um Erbarmen und Hilfe!» riet da Tschiu-jung. «Er ist ein Mensch von göttlichen Kräften.» Dao folgte ihr und ging, die Spur des Priesters zu suchen. Er fand ihn und trug ihm sein Anliegen vor. Doch der Priester erklärte, er sei ohne Macht in diesen Dingen. Dao beschwor ihn aufs innigste. Endlich sagte der Priester lachend: «Sie Narr, Sie verstehen mir zuzusetzen, und doch würden Sie mich nicht rühren, wäre es nicht vorbestimmt, was Sie verlangen, so daß ich mein Können Ihnen opfern muß.» Er folgte Dao in sein Haus, begehrte ein ruhiges Zimmer und verschloß sich darin, nachdem er Dao geboten hatte, daß keiner ihn rufen möge. Zehn Tage verweilte er in dem verschlossenen Gemach ohne Speise und Trank. Man spähte durch eine Ritze in den Raum und sah ihn liegen, als ob er schliefe. Eines Morgens schob ein junges Mädchen die Vorhänge auseinander, und indem sie mit leuchtenden Augen in Daos Gemach trat, sagte sie lächelnd: «Wie bin ich müde vom Laufen in dieser ganzen Nacht! Du hast mich ohne Aufhören gerufen. Erst nachdem ich hundert Li gelaufen war, fand ich den guten Priester, der trug mich hierher. Wenn er kommt, wird er mich ausliefern.» Als bald darauf, da es schon dämmerte, Hsiao-sië in das Zimmer trat, schritt das fremde Mädchen ihr entgegen. Als sie aneinander standen, vereinigten sich ihre beiden Körper zu einem, der zu Boden fiel und starr liegen blieb. Da trat der Priester aus dem inneren Gemach, verneigte sich und ging fort. Dao geleitete ihn bis vor die Türe. Als er wiederkam, war das Mädchen eben erwacht. Man trug es auf ein Bett. Allmählich wurde sein Atem ruhig, doch zuckte es mit den Füßen und klagte über den Schmerz in seinen Sohlen. Nach einigen Tagen erhob es sich und vermochte wieder umherzugehen.

Späterhin bestand Dao sein Examen. Er machte bei dieser Gelegenheit die Bekanntschaft eines gewissen Tschai Tse-king, der sich gleich ihm der Prüfung unterzog. Er kam bald darauf in einer Angelegenheit in Daos Haus, wo er einige Tage verbrachte. Einmal fügte es sich, daß der Gast Hsiaosië begegnete, die eben aus einem Nachbarhause heimkehrte. Er blickte sie an und folgte ihr eilig, doch sie entwich ihm. Dao war erzürnt über Tschais dreistes Benehmen, doch schwieg er. Tschai aber sprach zu ihm: «Erlauben Sie mir, Ihnen ein merkwürdiges Ereignis zu erzählen?» Dao war bereit zu hören. Tschai erzählte: «Vor drei Jahren starb meine jüngere Schwester. Ihre Leiche entschwand uns nach zwei Nächten auf rätselhafte Art. Nun sah ich eben Ihre Frau. Wie kann es geschehen, daß sie so sehr meiner toten Schwester gleicht?» Dao erwiderte: «Meine Frau ist häßlich, wie können Sie sie Ihrer Schwester vergleichen. Da wir aber zusammen unsere Prüfung bestanden haben und so herzlich befreundet sind, was sollte mich hindern, Ihnen meine Frau vorzustellen?» Er trat hinein, hieß Hsiao-siё das Leichenkleid anlegen, mit dem sie einst gekommen war, und führte sie vor Tschai. Dieser sagte weinend: «Dieses ist in Wahrheit meine Schwester.» Dao erzählte ihm nun Hsiao-siёs Geschichte. Voller Freude rief Tschai: «So ist also meine Schwester nicht gestorben. Ich will in meine Heimat zurückkehren, um meine Eltern zu trösten.»

Nach einigen Tagen kam die Familie Tschai zu Dao, und seine Beziehungen zu ihr waren fernerhin denen gleich, die ihn der Familie Hou verbanden.

INHALT